Herausgeber:	Polyglott-Redaktion
Autorin:	Monika Kleppinger
Lektorat:	Claudia Cristoffel-Crispin und Gerhard Crispin
Art Direction:	Illustration & Graphik Forster GmbH, Hamburg
Karten und Pläne:	Gundula Hövelmann
Titeldesign-Konzept:	V. Barl
Realisation:	Studio Wolf Brannasky

Ergänzende Anregungen, für die wir jederzeit dankbar sind,
bitten wir zu richten an:
Polyglott-Verlag, Redaktion, Postfach 40 11 20, D-80711 München.

Alle Angaben wurden sorgfältig geprüft. Dennoch kann eine Gewähr
für Vollständigkeit und Richtigkeit nicht übernommen werden.

Zeichenerklärung

ℹ Information
◷ Öffnungszeiten
✆ Telefonnummer
📠 Faxnummer
✈ Flugverbindungen
🚄 Eisenbahnverbindungen
🚌 Busverbindungen
⛴ Schiffsverbindungen
Ⓜ Metro
△ Campingplatz
🏠 Hotel
$⟩⟩ DZ (ohne Frühstück) ab 600 FF
$⟩ 400–850 FF
$ 220–380 FF
🏠 Restaurant
$⟩⟩ Menü ab 200 FF
$⟩ 150–350 FF
$ 110–250 FF

Routenpläne

━①━ Route mit Routenziffer
════ Autobahn, Schnellstraße
──── sonstige Straßen, Wege
━ ━ ━ Staatsgrenze, Landesgrenze
- - - - National-, Naturparksgrenze

Stadtpläne

════ Durchgangsstraße
════ sonstige Straßen
──── Fußgängerzone
════ Fußweg

Erste Auflage 1996

Redaktionsschluß: August 1996
© 1996 by Polyglott-Verlag Dr. Bolte KG, München
Printed in Germany
Gedruckt auf chlorfrei gebleichtem Papier
ISBN 3-493-62 727-0

Polyglott-Reiseführer

Südfrankreich

Monika Kleppinger

Polyglott-Verlag München

Allgemeines

Städtebeschreibungen

Routen

Route 1
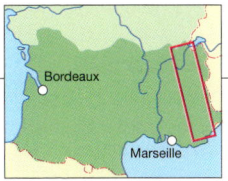

Im Zeichen des Adlers S. 53

Napoleons Rückkehr von Elba nach Paris
führte durch eine großartige alpine Landschaft mit interessanten Städten. Bergstiefel und Badzeug nicht vergessen!

Route 2
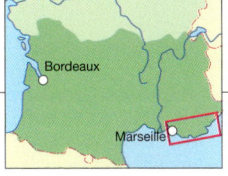

**Künstler, Stars und Reiche:
Treffpunkt Côte d'Azur** S. 58

An der blauen Küste zwischen Menton
und Marseille locken nicht nur Strände,
sondern auch 83 Museen.

Route 3

Gemächlich dem Süden entgegen S. 62

Immer tiefer taucht man hier in die
Welt des Midi mit seinem flimmernden
Licht, römischen Tempeln und Theatern,
Olivenhainen und Melonenfeldern ein.

Route 4
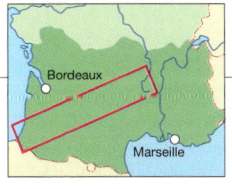

Mittelalterliche Pilgerpfade S. 68

Kathedralen, Kapellen und Herbergen
säumen noch heute den ehemaligen
Jakobsweg, dem man von der Auvergne
bis ins Baskenland folgt.

Route 5
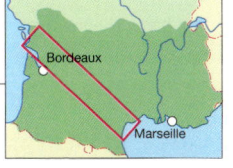

**Handel und Wandel im Land
der Bastiden** S. 73

Die Handelsstädte zwischen Mittelmeer
und Atlantik hat schon lange die
Moderne erfaßt.

Route 6

Wo Roland in sein Horn stieß S. 76

Mächtige Festungen wachen über das
Pyrenäenvorland, in dem Städte wie
Biarritz und Lourdes Pilger völlig unter-
schiedlicher Art anziehen.

Routen

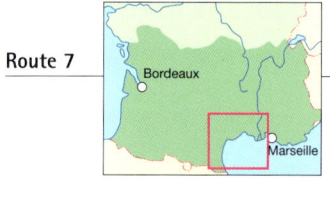

Route 7

In den Bergen des Midi   S. 81

Alpilles, Cévennes, Corbières und
Lubéron heißen die geschichtsträchtigen
Berge, in denen ganze Dörfer mit den
Felsen zu verschmelzen scheinen.

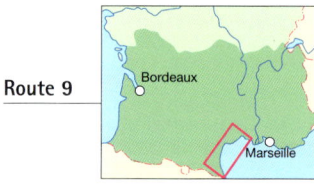

Route 8

Von Vulkanen zu Salzweiden   S. 84

Welch ein Kontrast: von den erloschenen
Vulkanen der Auvergne mit ihren
grünen Kegeln zu den weiten Binsen-
grasflächen der Ebenen der Charente.

Route 9

Moderne Ferienorte und
verschlafene Dörfer   S. 88

Futuristische Feriendomizile und ur-
sprüngliche Hafenstädtchen wechseln an
der Küste des Languedoc miteinander ab.

Route 10

Schwarz, Weiß, Rosa – die Farben
der Camargue   S. 90

Das Flußdelta der Rhône südlich von
Arles ist eine einmalige Naturlandschaft.
Mit Flamingos, Pferden und Stieren.

Fremde Kulturen kennenlernen und gastfreundlichen Menschen begegnen –
wie sehr genießen wir das auf Reisen. Zu Hause bei uns jedoch wird mancher
Ausländer von einer kleinen Minderheit beschimpft, bedroht und sogar
mißhandelt. Alle, die in fremden Ländern Gastrecht genossen haben, tragen
hier besondere Verantwortung. Deshalb: Lassen Sie es nicht zu, daß Ausländer
diffamiert und angegriffen werden. Lassen Sie uns gemeinsam für die Würde
des Menschen einstehen.

Verlagsleitung und Mitarbeiter des Polyglott-Verlages

Editorial

Das typische Bild, ein Platanen bestandener Platz, im Schatten der Bäume ältere Herren mit Silberkugeln in der Hand, es wird heftig diskutiert. Cafés mit kleinen Tischen stehen auf dem Bürgersteig. Die Gästen sitzen vor Gläsern mit Pernod, einer gelblich-weißen Flüssigkeit, lebhaft und gestenreich Gespräche führend. Typisch südfranzösische Szenerien, Klischee und Wirklichkeit, wie sie zwischen Menton und Perpignan, von Valence bis Bordeaux zu beobachten sind. Das Pétanquespiel, der Pastis, das scheinbare Laisser-faire gehören fest zum Leben im Midi.

Südlich von Lyon, wo das Mediterrane immer deutlicher die Landschaft prägt und während der Mittagshitze Fensterläden und Türen dicht verschlossen sind, kehrt erst am späten Sommernachmittag wieder Leben in die Gassen und Straßen zurück. Ein schönes Land, in dem die Geschäftigkeit den Menschen die Zeit zum Leben nicht stiehlt, Uhrzeigern allumfassende Macht nicht zukommt, wo es als negative Eigenschaft gilt, immer in Eile zu sein.

Nicht von ungefähr ist die Anziehungskraft des Südens ungebrochen – und das nicht nur der Sonne wegen; noch immer reizt das Laissez faire zum Nachdenken über die wirklichen Werte des Daseins. Ein Lächeln, einfach nur so, eine Plauderei nebenbei, auch die kleinen Dinge genießen, das prägt nicht nur in der Provence oder an der Côte d'Azur, wo man sich heiter-verbindlich gibt, den Alltag.

Ist die Lebenslust, trotz aller regionaler Unterschiede, gemeinsames Merkmal des Südens, so eint es die Bewohner des Midi ebenso das Mißtrauen gegenüber der in Paris ansässigen Obrigkeit.

Die Autorin

Monika Kleppinger war lange Pressesprecherin des Französischen Fremdenverkehrsamtes. Die Deutsche mit französischem Paß hat mehrere Bücher über ihre Wahlheimat geschrieben.

Die bessere Hälfte der Grande Nation?

Sie sind natürlich alle in erster Linie Franzosen, aber in ihrem ungebrochenen Selbstverständnis fühlen und bezeichnen sie sich als Provenzalen, Okzitanier, Basken oder Gascogner. Sie sind stolz auf den Ort bzw. die Gegend, in der sie geboren wurden.

Zwar sind die Menschen in Südfrankreichs Regionen doch sehr verschieden, doch das Wissen um die eigene Identität, entstanden aus einer Summe jahrhundertelanger unterschiedlichster Einflüsse, hat eine gemeinsame Lebensart entstehen lassen, die sich von der ihrer Landsleute im Norden Frankreichs deutlich unterscheidet.

Der Midi und seine Menschen

Kelten, Griechen, Römer und Sarazenen haben ihre Spuren in der Region hinterlassen, die zuerst von Iberern und Ligurern besiedelt war. Viele Völker, unterschiedliche Religionen, die verschiedensten Geistesströmungen fanden sich so im sonnenverwöhnten Südfrankreich zusammen und konnten in einem politischen Klima relativer Toleranz über Jahrhunderte gedeihen.

Um so schmerzhafter erscheint daher der Niedergang des Herrscherhauses der Grafen von Toulouse im 12./13. Jh. Die religiöse Bewegung der Katharer (S.16) lieferte dann dem französischen König den willkommenen Anlaß, den blühenden Süden seinem nordfranzösischen Reich einzuverleiben. Unter der Monarchie gingen im Lauf der Zeit bedauerlicherweise viele regionale Eigenständigkeiten verloren.

Höhepunkte erreichten die Vereinheitlichungsbestrebungen unter dem Absolutismus eines Louis XIV und dem Despotismus eines Napoleon. Der damals entstandene Zentralismus zeigt bis heute seine Auswirkungen, und der vor einigen Jahren eingeleitete Dezentralisierungsprozeß brachte keine tiefgreifenden Veränderungen. So sprechen besonders die Bewohner auf dem Land mit ironischen Untertönen von der Landeshauptstadt und empfinden Mißtrauen gegenüber der Regierung.

Das Verhältnis von Paris zu seinen südlichen Provinzen drückt sich nach wie vor in einer gewissen Herablassung aus. Man mag über manche Befindlichkeiten der Südfranzosen lächeln, doch wer sich ein wenig mit den Menschen beschäftigt, mit ihrer Vergangenheit und ihren aktuellen Problemen, der beginnt zu verstehen, daß ihnen manchmal der Ton des Beamtenapparates in der fernen Metropole hinsichtlich ihrer Anliegen nicht paßt. Statt sich für die große Politik zu interessieren, wenden sie sich dann lieber den örtlichen Ereignissen zu.

Menschen prägen Landschaften, aber auch das Umgekehrte gilt. In der Bergwelt der erloschenen Vulkankegel, der Auvergne, über die im Winter ein eisiger Wind fegt und das Leben hart macht, müssen sich die Menschen aufeinander verlassen können. Noch heute wird dort jeder Handel per Handschlag besiegelt. Ist vielen Provenzalen ein spielerisch heiterer Zug eigen, so wirken die Menschen des Languedoc oft zurückhaltender. Basken gelten als sehr eigenwillig. Vom harten Leben der Bergbauern geformt, halten sie mit Stolz an ihren Traditionen fest. Von jeher waren sie bestrebt, ihre Eigenständigkeit gegenüber der französisch-spanischen Übermacht zu wahren. Die Basken sind auch die einzigen, die eine völlig andere Sprache sprechen, eine, deren Ursprung trotz aller Versuche der Historiker nicht eindeutig geklärt ist. Das Baskische kämpft gleich anderen regionalen Idiomen ums Überleben.

Im Verschwinden begriffen ist auch die alte Sprache Okzitaniens, die fast im gesamten Süden in verschiedenen Dialekten gesprochen wurde. Entsprechend dem Ausdruck für „ja" wird sie als Langue d'Oc (im Gegensatz zur nordfranzösischen Langue d'Oïl) bezeichnet. Eine eigenständige Sprache ist das Katalanisch, das auch im Roussillon gesprochen wurde.

Südliche Landstriche

Die Landschaften Südfrankreichs sind wesentlich abwechslungsreicher als die im Norden des Landes. Das beginnt schon in der Region *Rhône-Alpes* mit ihren Hochgebirgen und den sanft gewellten Hügeln der Drôme, die pappel- und zypressenbestanden einen Vorgeschmack auf die Provence bieten.

Das breite Tal der Rhône, die als größter Strom Frankreichs von Norden nach Süden fließt, bildet die Trennung zwischen Alpenvorland und Zentralmassiv. An der Schwelle zum Süden liegt Lyon, umgeben von weitläufigen Industriegebieten. Die Sonne läßt im Tal Wein gedeihen, hinter den Hängen erheben sich die schroffen Felsen der Ardèche, in die der gleichnamige Fluß eine tiefe Schlucht gegraben hat.

Die grünen Kegel der schon lange nicht mehr aktiven Vulkane geben der *Auvergne* ihr typisches Bild. Aus den Tiefen der Kraterlandschaft sprudelt Mineral- und Heilwasser. Von der Auvergne aus reicht die Kette der *Puys*, der Bergkegel, bis zum Mittelmeer. Der letzte in der Reihe ist der mit Ferienhäusern zugebaute Hügel des Badeortes Cap d'Agde.

In der Umgebung von Cassis

Nicht weniger grün ist die Region südlich von Limoges, das *Limousin*, mit seinen von der Landwirtschaft geprägten Hügeln. Weite Ackerflächen, Wälder und Weiden, auf denen die typisch hellbraunen Rinder, genannt Limousinen, grasen. Dörfer, die zu den schönsten Frankreichs zählen, sind auf den Ortsschildern als „Les plus beaux villa-

Feurige Rotweine und trockene Weißweine werden im Midi gekeltert

Geniestreich eines Ingenieurs – der Canal du Midi

Eine schiffbare Verbindung zwischen Mittelmeer und Atlantik? Unmöglich, so jedenfalls die gängige Meinung der Zeitgenossen von Pierre-Paul Riquet. Doch sein Lebenswerk, der Kanal zwischen dem Mittelmeerhafen Sète und der Handelsstadt Toulouse, belehrte sie eines Besseren. Mit dem Bau von zwei Talsperren in der Montagne Noire gelang es ihm, Wasser für die Flutung des Kanals zu bekommen. Durch diesen Geniestreich wurde das schwierigste Hindernis auf der gesamten Strecke, der Naurouze-Paß, überwunden.

Dank seiner guten Verbindungen zum Königshaus gelang es Riquet im Jahr 1666, den ersten Spatenstich zu dem Projekt, dem Canal du Midi, zu setzen. Rund 260 km mußten sich die Bautrupps durch das Gelände graben, über 60 Schleusen und mehr als 120 Brücken waren zu planen. 15 000 Arbeiter waren 18 Jahre (1666–1684) lang beschäftigt, bevor das erste Schiff den Anker lichten konnte. Riquet starb sechs Monate vor Fertigstellung des Kanals. In Port-Lauragais, einer kleinen Marina unweit von Castelnau-dary, informiert ein Ausstellungszentrum (🕐 tgl. 10–18 Uhr) über das Lebenswerk des genialen Ingenieurs.

Unzählige von einst 100 000 Platanen, die entlang der Ufer gepflanzt wurden, beschatten noch heute den Wasserlauf.

Die schon fast zum Erliegen gekommene kommerzielle Schiffahrt erfreut sich mittlerweile wieder einer zaghaften Wiederbelebung, denn der Transport mit Frachtkähnen ist kostengünstig und sehr umweltfreundlich.

Im Sommer wird der Canal du Midi jedoch hauptsächlich von einer Hausbootflotte bevölkert, die gemächlich im Schatten der Platanen dahingleitet und zum Erhalt der Arbeitsplätze der Schleusenwärter beiträgt. Sehr zum Mißfallen der zahlreichen Freizeitkapitäne strebt die Kanalbehörde in nicht allzu ferner Zukunft eine Automatisierung des Betriebs an. Damit würde der persönliche Kontakt zum Schleusenwärter, der ganz nebenbei die Urlauber mit frischem Obst und Gemüse aus dem eigenen Garten versorgt, beendet sein.

ges de France" gekennzeichnet. Sie wirken teilweise noch mittelalterlich mit ihren krummen Gassen an denen sich je nach Region aus Naturstein gemauerte, oder pastellfarbene Fassaden reihen.

Die *Charente* ist vom Kampf zwischen Land und Meer geprägt. Bis tief in die breiten Flußmündungen bringen die starken Strömungen die Flut und sorgen für eine spezielle Fauna und Flora.

Dem sumpfigen Hinterland der Atlantikküste wurde nach und nach fruchtbares Ackerland abgerungen, ein mildes Klima sorgt für reiche Ernten. Die Gastronomie spiegelt die Verbindung von Küste und Meer wider: Meeresfrüchte, knackfrisches Gemüse und das Fleisch der Schafe von den Salzweiden am Meer bilden die Grundlage der Regionalküche.

Seit Jahrzehnten ist die *Côte d'Azur* eine beliebte Urlaubsregion am Mittelmeer. Schon vor 100 Jahren wurde der Küstenstreifen mit den Zentren Nizza und Cannes von den Briten zum bevorzugten Winterreiseziel auserkoren. Angesichts der sommerlichen Überfüllung der Strände wird die „Côte" jetzt wieder in der kalten Jahreszeit mehr als interessant.

Im milden Klima blühen bereits im Februar die Mimosen. Hinter der Küste erstrecken sich die wenig besiedelten Seealpen mit wilden Schluchten und ihren bis ins Frühjahr schneebedeckten Gipfeln. Das flirrende Licht der *Provence* hat viele Maler angelockt, die dort gelebt und gearbeitet haben. Noch heute gehört diese Region zum bevorzugten Ziel all jener, die für immer dem Norden des Landes den Rücken kehren, um sich hier ein neues Leben aufzubauen. Die historische Provence ist nur teilweise deckungsgleich mit den heutigen Verwaltungsgrenzen, innerhalb derer sich so unterschiedliche Landschaften wie die Alpen der Hochprovence, das Rhône-Delta mit der Camargue, die Höhenzüge des Lubéron und die Steilküsten der Calanques vereinen.

Strandzelte an der Côte Basque

Von der Rhône bis zu den Pyrenäen an der Grenze nach Spanien erstrecken sich die Strände des *Languedoc*, die dem Sumpf und dem Meer abgetrotzt wurden. Moderne Ferienzentren wechseln sich ab mit traditionellen Fischerdörfern. Dahinter, in den Ebenen und an den Hängen des Minervois und der Corbières, prägen Weinfelder das Bild. Im Norden erhebt sich die herbe, wilde Berglandschaft der Cevennen mit verstreut liegenden Weilern, Kastanienwäldern und schroffen Schluchten.

Die *Midi-Pyrénées*, eine Region von der Größe Belgiens, umfassen so unterschiedliche Gebiete wie die kargen Kalkhochflächen der Causses und das fruchtbare Gers. Den Mittelgebirgen Montagne Noire und Monts de Lacaune folgt die von Feldern geprägte Ebene der Garonne. Mit dem aufstrebenden Toulouse ist Paris und Lyon eine Konkurrenz in wirtschaftlicher Hinsicht erwachsen.

In der Region *Aquitaine* ziehen sich südlich von Bordeaux die längsten Atlantikstrände Europas hin. Dahinter wachsen riesige Pinienwälder auf sandigem Boden. Von Ost nach West vereinigen sich Garonne und Dordogne zum Mündungsfluß Gironde, und hier sind die bekanntesten Weinlagen Frankreichs zu finden.

In den Höhlen der *Dordogne* lebten schon in der Steinzeit Menschen. Satt und grün erheben sich die Wiesen des Pyrenäenvorlandes hinter der schroffen baskischen Küste.

Steckbrief

Bevölkerung: Rund 19 Mio. Menschen leben auf 260 000 km².

Küsten: 600 km am Mittelmeer, ca. 400 km am Atlantik.

Höchste Erhebungen: Balaitours (3146 m) in den Pyrenäen; Mont Blanc (4807 m) in den Alpen.

Tiefster Punkt: Rhône-Delta.

Regionen und ihre Hauptstädte:
Aquitaine: Bordeaux;
Auvergne: Clermont-Ferrand;
Languedoc-Roussillon: Montpellier;
Limousin: Limoges;
Midi-Pyrénées: Toulouse;
Poitou-Charentes: Poitiers;
Provence-Alpes-Côte d'Azur:
Marseille;
Rhône-Alpes: Lyon.

Wichtige Wirtschaftszweige:
Tourismus und Weinbau; Petrochemie in Lyon und Marseille.

Beschäftigung: Arbeitslosenquote zwischen 11 % und 15 %.

Parteien: Das Parteiengefüge schwankt von Département zu Département. Traditionsgemäß wählt der Südwesten eher links, die Côte d'Azur eher konservativ. In den Ballungszentren mit einem hohen nordafrikanischen Bevölkerungsanteil verzeichnet die rechtsextreme Partei Le Pens Zuwachsraten.

Klima und Reisezeit

Südfrankreich wird klimatisch sowohl vom Mittelmeer als auch vom Atlantik beeinflußt. In manchen Gebieten führt der Übergang von einer Einflußzone zur anderen zu einer drastischen Änderung der Vegetation auf wenigen Kilometern. Lokale Windverhältnisse, wie etwa der Mistral im Rhône-Delta, können das vorherrschende Klima entscheidend beeinflussen. Während die Alpenregionen mitteleuropäischen Witterungslagen unterworfen sind, macht sich in den Pyrenäen auch im Winter die südliche Sonneneinstrahlung bemerkbar. Diese saubere Energie wird z. B. im Sonnenofen von Odeillo, einer der ersten Solaranlagen, genutzt. Wer in der Hauptsaison, Juli und August, reist, muß mit überlaufenen Stränden und Verkehrsstaus in den Küstenorten rechnen.

Natur und Umwelt

Achtzehn von insgesamt 38 Naturparks in Festlandfrankreich (ohne Korsika und Übersee) wurden im Süden errichtet. Nationale und regionale Parks gehen über den reinen Naturschutz hinaus und schließen landwirtschaftliche Traditionen, Architektur und soziale Infrastruktur mit ein. Vom Aussterben bedrohte und vormals dort beheimatete Tierarten wurden wieder angesiedelt: Ein Beispiel sind die Gänsegeier im Naturpark der Cevennen. Im Park Mercantour sind von Italien aus immer wieder Wölfe zugewandert, ein Umstand, der von Naturschützern begrüßt, von ängstlichen Zeitgenossen kritisiert wird. Den Franzosen wird oft mangelndes Umweltbewußtsein nachgesagt. In den einzelnen Regionen gibt es jedoch zahlreiche Initiativen. Viele wollen sich von den grünen Parteien Frankreichs abgrenzen, die eher zentralistisch agieren und denen man deshalb gerade im Süden mißtrauisch begegnet.

Leider zerstören immer wieder große Waldbrände die im Sommer trockene Vegetation. In der Folge werden die ungeschützten Böden dann durch Erosion abgetragen. Häufig genügt schon eine kleine Unachtsamkeit, um solche Brände zu entfachen. Mit Programmen zur Wiederaufforstung ist man bemüht, der Verödung der abgebrannten Zonen entgegenzuwirken.

Viele Küstenorte haben mit der Errichtung von Kläranlagen zum Abbau der Verschmutzung des Mittelmeeres beigetragen. Laut einer jährlich Kontrolle des Umweltministeriums ist die Wasserqualität gut; die Ausnahmen bilden die Strände in der Nähe von Fos-sur-Mer und Toulon.

Religion

Die Religionszugehörigkeit verliert in Südfrankreich an Bedeutung. Seit 1905 sind Staat und Kirche strikt voneinander getrennt. Eine Kirchensteuer wird folglich nicht erhoben, so daß die Kirchengemeinden ihre Einkünfte aus freiwilligen Abgaben ihrer Mitglieder beziehen. In ganz Frankreich ist die große Mehrheit der Bevölkerung katholisch, doch liegen im Süden einige traditionelle protestantische Hochburgen (heute v. a. die Départements Gard, Ardèche, Drôme).

Durch die Migration verfügen einige Städte im Süden über einen vergleichsweise hohen Anteil von Muslimen. In letzter Zeit hat das Tragen von Kopftüchern in den staatlichen Schulen eine Kontroverse ausgelöst, da es als (dort verbotene) religiöse Manifestation aufgefaßt wurde.

Brauchtum und Feste

Religion und bäuerliche Lebensweise prägen die traditionellen Feste im Süden. Am spektakulärsten und sehr populär ist der Stierkampf, der in Südfrankreich auch einem unblutigen Ritual folgen kann. Zunehmend wird jedoch spanisch, d. h. bis zum Tod des Tiers gekämpft. Christlich beeinflußt sind Bräuche wie die Büßerprozession „La Sanch" in Perpignan (S. 76, 79) am Karfreitag. Ebenso berühmt ist die Wallfahrt der Sinti und Roma nach Les Saintes-Maries-de-la-Mer in der Camargue (S. 92). Bei den „Transhumances", den traditionellen Viehtrieben auf die Berge, sind wieder mehr Jungbauern zu sehen. Die Kühe und Schafe werden nicht mehr mit dem Lastwagen auf die Weiden gebracht, die gemeinsame Wanderung von Mensch und Tier ist vielmehr Anlaß für ein Fest.

Bei Dorffesten sind noch traditionelle Instrumente wie Dudelsack und Graile, eine Art Oboe, und manchmal okzitanische Lieder zu hören. Es kommt vor, daß Gäste unversehens gemeinsam mit Einheimischen tanzen. So auch in Perpignan im Hochsommer, wenn auf der Place de la Loge die Sardana, ein katalanischer Kreistanz, aufgeführt wird.

Staat und Politik

Während der Französischen Revolution wurde Frankreich in Départements eingeteilt, deren Zahl sich mehrfach geändert hat – zur Zeit sind es 96. Die Zerschlagung der historischen Provinzen sollte der Stärkung der Einheit des Landes dienen, eine Politik, die die französische Zentralgewalt letztendlich seit dem frühen Absolutismus verfolgte. Erst in den 60er Jahren wurden wieder größere Einheiten, die Regionen, eingeführt. Staatspräsident de Gaulle machte 1969 mit Regionalisierungsprojekten erste zaghafte Versuche der Dezentralisierung. Die nach der Wahl Mitterrands in den 80er Jahren erneuerten Anläufe haben aber in den Augen vieler Südfranzosen noch nicht zum Durchbruch geführt. Sie fühlen sich nach wie vor von der Pariser Macht gegängelt und vernachlässigt. Während sich im Norden die Industrie auch aufgrund der ausgezeichneten Verbindungen der Großunternehmen zu den Politikern in der Hauptstadt schneller entwickelte, blieb dem Süden hauptsächlich das Geschäft mit dem Tourismus.

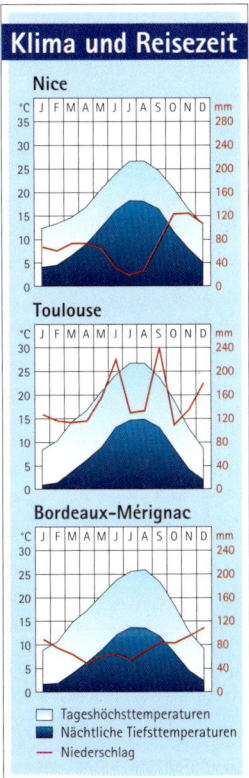

Klima und Reisezeit

Nice

Toulouse

Bordeaux-Mérignac

☐ Tageshöchsttemperaturen
■ Nächtliche Tiefsttemperaturen
— Niederschlag

Tracht wird häufig nur noch bei entsprechenden Festen getragen

40 000–10 000 v. Chr. In der Jung-steinzeit lebt in Südwestfrankreich der Cromagnonmensch. In Grotten wie Lascaux, Niaux, Pech-Merle und Vallon-Pont d'Arc wurden seine Felsbilder gefunden. Ältester menschlicher Schädelfund in Tautavel (Pyrenäen).

600 v. Chr. Das griechische Massalia entsteht nach der Landung phokäischer Schiffe an der Stelle des heutigen Marseille.

ab 300 v. Chr. Im Süden Frankreichs leben Iberer und Ligurer. Sie vermischen sich mit den Kelten, die in die Provence eindringen.

58–51 v. Chr. Cäsar unterwirft Gallien und gliedert es dem Römischen Imperium ein. Neuordnung der gallischen Provinzen unter Augustus.

150–400 Verbreitung des Christentums in Gallien. Das Imperium Romanum löst sich durch Einfälle der West- und Ostgoten sowie durch innere Machtkämpfe auf.

481–511 Am Ende der Eroberungszüge Clodwigs I. steht der Sieg der fränkischen Merowinger.

8.–10. Jh. Araber sind 719 in den Südwesten eingedrungen. Karl Martell hält den Eroberungszug des Islam 732 bei Tours und Poitiers auf. 778 erleiden die Truppen Karls des Großen beim Überqueren des Passes von Roncesvalles eine schwere Niederlage gegen die Araber.

843 Der Vertrag von Verdun teilt das Karolingerreich Ludwigs des Heiligen unter dessen drei Söhnen auf, im Südwesten herrscht Karl der Kahle, im Südosten zunächst Lothar I. Eine Sprachgrenze unterteilt Frankreich nochmals in Langue d'Oc und Langue d'Oil („oc" für „ja" im Gegensatz zum nordfranzösischen „oil", später „oui").

11. Jh. Die Initiative zu Kreuzzügen ins Heilige Land geht von Frankreich aus. Von Aigues-Mortes legen die Schiffe ab in Richtung Heiliges Land.

12./13. Jh. Die Verweltlichung der römischen Kirche führt in der zweiten Jahrhunderthälfte zu Reformbestrebungen. Papst Innozenz III. und der französische König verbünden sich zum Kreuzzug gegen die „Albigenser", zu deren Zentren Toulouse, Carcassonne und Albi gehören. 1229, mit dem Ende des Kriegs, ist das Land verwüstet, der kulturellen Blüte des Südens die Basis entzogen. 1271 fällt das Languedoc an Frankreich.

1137–1152 Nach mißglückter Ehe mit dem französischen König Louis VII heiratet Eleonore von Aquitanien Heinrich von Plantagenet, Graf von Anjou und später König von England. Ihre Besitzungen, die Guyenne, die Gascogne und das Poitou, fallen somit unter englische Herrschaft. Dies führt zu jahrhundertelangen Kämpfen zwischen England und Frankreich, zuletzt zum Hundertjährigen Krieg. Beide Seiten lassen in Aquitanien unzählige Bastiden errichten.

14. Jh. Philippe IV lehnt sich gegen den universalen Herrschaftsanspruch des Papsttums auf. Er zwingt Papst Clemens V. 1309, seinen Sitz in Avignon einzurichten, das fast 70 Jahre lang Residenz des Gegenpapstes bleibt. Dies und die Zerstörung des Templerordens tragen zur Stärkung der königlichen Macht bei.

15. Jh. Nach dem Ende des Hundertjährigen Krieges verunsichern marodierende Söldner das Land und gefährden den Handel.

16./17. Jh. Die Entstehung der Kolonien führt zum ungeahnten wirtschaftlichen Aufschwung. Die südfranzösischen Häfen gewinnen an Bedeutung.

1610–1685 Louis XIV rechtfertigt die Verfolgung der Hugenotten in den Cevennen mit der Devise „ein König, ein Gesetz, ein Glaube". Viele der für Frankreichs Ökonomie wichtigen hugenottischen Familien gehen ins Exil.

1789 Die Französische Revolution setzt sich auch im Süden durch.

1799 Napoleon übernimmt die Macht als erster Konsul und wird 1805 Kaiser.

1815 Über Cannes und Grenoble kehrt Napoleon nach seiner Absetzung und Verbannung auf Elba zur Hunderttageregierung nach Paris zurück.

1860 Nizza und Savoyen werden infolge eines Plebiszits Frankreich angeschlossen.

1914–1918 Der Erste Weltkrieg fordert auch in Südfrankreich viele Opfer.

1939–1945 Die deutsche Wehrmacht besetzt im Zweiten Weltkrieg große Teile Frankreichs. Vichy wird Sitz der mit der Besatzungsmacht kollaborierenden Regierung Pétain. Am 18. Juni 1940 ruft Charles de Gaulle von London aus zum Widerstand auf. Die Verschleppung französischer Jugendlicher zum Arbeitsdienst nach Deutschland trägt zur raschen Organisation der Résistance bei. Im August 1944 wird auch Südfrankreich von den Alliierten befreit.

Zweite Hälfte des 20. Jhs. Infolge des Algerienkrieges, der 1962 mit der Unabhängigkeit des nordafrikanischen Staates endet, kehren viele dort geborene Franzosen, die sog. *pieds noirs*, nach Frankreich zurück. Wirtschaftlich geht es aufwärts: Moderne Zweige der Wissenschaft wie Biotechnologie, Flugzeugbau, Informatik und Raumfahrt haben einen festen Platz in Südfrankreich. Ein weiterer wichtiger Wirtschaftszweig ist der Tourismus.

Papst Johannes XXII. residierte in Avignon

Operation „Dragoon": Landung der Alliierten in Südfrankreich am 15. August 1944

Afrikanische Batikstoffe gehören zum Angebot eines Marktes

Die Albigenserkriege

Kaum zu glauben, daß eine weltabgewandte, einzig um ihr Seelenheil bemühte religiöse Bewegung die Geschichte eines halben Landes so sehr beeinflussen konnte, wie die Katharer in Frankreich. Entscheidend wirkten allerdings auch weniger die sogenannten Albigenser selbst, als vielmehr ihre Gegner, die im Midi eine blühende Kultur auslöschten und eine ganze Region für lange Zeit zurückwarfen.

Im Laufe des 12. Jhs. hatte sich die Lehre der „Reinen", wie ihre Anhänger sich selbst nannten, in mehreren Gebieten Westeuropas ausgebreitet. Sie war von einem grundsätzlichen Dualismus, einem unüberwindbaren Widerspruch zwischen Geist und Materie, Gott und dem Teufel geprägt. Die Seele gehört Gott, der Körper dem Teufel, und das irdische Leben bietet in erster Linie Gelegenheit zur Läuterung.

Die Berufenen unter den Katharern, die sog. Vollkommenen, zogen als Prediger besitz- und ehelos durch das Land. Den „einfachen" Gläubigen blieb die Möglichkeit, kurz vor ihrem Tod durch Annahme eines einzigen Sakraments Erlösung zu erlangen.

Die Katharer betonten den Gleichheitsgedanken, da die Herrschaft von Menschen über Menschen für sie teuflischen Ursprungs war. Die Auseinandersetzung mit der römischen Kirche war folglich unausweichlich: 1119 wurde die katharische Lehre auf dem Konzil von Toulouse als häretisch verdammt. Dennoch fanden die „Reinen" Anhänger in allen Schichten – sie waren ja auch keineswegs die einzigen, die damals Reformen anstrebten, wenn auch vielleicht mit die Radikalsten. Der Hof der Grafen von Toulouse war ein kulturelles Zentrum und Mittelpunkt eines relativ hochentwickelten, riesigen Gebiets. 1167 verfügten die Katharer über vier Bischofssitze: Carcassonne, Toulouse, Agen und Albi. Vom letzten, dem ältesten, wurde übrigens die Bezeichnung „Albigenser" abgeleitet. Der Graf von Toulouse, Raymond VI, obschon selbst „rechtgläubiger" Katholik, sah zunächst keinerlei Veranlassung, gegen die Bewegung vorzugehen.

Unter Druck geriet er aber 1208, als ein päpstlicher Gesandter ermordet wurde, angeblich sogar von einem Höfling Raymonds. Dieser leistete, um das Unheil abzuwenden, in St-Gilles öffentlich Abbitte. Dennoch rief Innozenz III. zum Kreuzzug gegen die „Ketzer" auf, und der als Glaubenskrieg getarnte Eroberungsfeldzug konnte beginnen. Es war übrigens der erste Kreuzzug, der nicht gegen „Heiden", sondern in ein christliches Land geführt wurde.

Ziel der päpstlichen Armee unter Simon de Montfort waren zunächst Besitzungen, die Peter II. von Aragón als oberstem Lehnsherren unterstanden. In Béziers wurden 20 000 Menschen niedergemetzelt, aus Carcassonne wenig später die gesamte Bevölkerung vertrieben. Spätestens jetzt wäre ein Einlenken möglich gewesen, doch der Papst ließ den Kreuzzug nicht abbrechen. 1213 verloren die languedocisch-katalanischen Truppen die entscheidende Schlacht bei Muret, in der Peter von Aragón den Tod fand. Bis 1229 zogen sich die blutigen Auseinandersetzungen hin, dann wurde endlich ein Friedensvertrag geschlossen.

Das Land freilich war verwüstet, die Macht der Grafen von Toulouse gebrochen. Eine direkte Folge der Albigenserkriege war 1234 die Einführung der Inquisition im Languedoc unter der Leitung der Dominikaner. Auch die Universität von Toulouse wurde mit streng orthodoxen Magistern besetzt. Als letzte Katharerhochburgen fielen 1244 der Montségur und 1255 Quéribus in den Corbières. Profitiert hatte von der ganzen Tragödie letztlich nur die französische Krone, die sich Stück für Stück den Süden aneignete. 1271 fiel das Languedoc endgültig an Frankreich.

Der deutsche Ausdruck „Ketzer" geht übrigens auf die Katharer zurück.

Kultur gestern und heute

Südfrankreich, vor allem die Dordogne, rühmt sich, hervorragende Zeugnisse aus der Zeit der ganz frühen künstlerischen Äußerungen des Menschen zu besitzen: Felsbilder in Höhlen aus der späten Altsteinzeit. An den teilweise schwer zugänglichen Stellen malten die Menschen mit allerlei Werkzeug geometrische Muster und Tiere auf die oft unebenen Wände. Sicherlich waren wie auch immer geartete religiöse Vorstellungen die Triebfeder für diese künstlerische Betätigung unserer Vorfahren, die ja mit erheblichen technischen Schwierigkeiten verbunden war.

Die Maison Carrée in Nîmes

Nur spärlich sind die Reste griechischer Architektur, die man meist unter römischen Ruinen suchen muß, so etwa im ersten Hafen von Marseille oder in den Ausgrabungen von Glanum in den Alpilles. Da hat man es mit den Römern selbst schon leichter: Ihre Monumentalanlagen prägen noch heute die Zentren provenzalischer Städte wie Arles, Nîmes und Orange, und die Theater und Arenen werden sogar wieder benutzt. In Vienne und Nîmes blieben schönes Beispiele römischer Tempel erhalten. Der Pont du Gard ist berühmt für die gelungene Einbindung eines reinen Zweckbaus in die Landschaft.

Die 36 m hohe Bühnenwand im Théâtre Antique in Orange

Ins frühe Mittelalter fiel eine kulturelle Blüte des Südens. Aquitanien war die Wiege der Troubadourkunst, die auf teilweise ausgefeilte Weise eine meist hochgestellte, verheiratete Frau besang. Durch die Albigenserkriege fand diese Dichtkunst ein jähes Ende.

Im 11./12. Jh. verbanden die verschiedenen Routen des Pilgerwegs nach Santiago de Compostela in Spanien bedeutende Wallfahrtsorte. Alleine die Ausmaße ihrer Kirchen zeugen von der spirituellen und der wirtschaftlichen

Die römische Wasserleitung Pont du Gard bei Nîmes

Bedeutung der Wallfahrt. Obwohl der Pilgerweg eine wichtige Kommunikationsfunktion besaß, folgten die Baumeister überwiegend regionalen Traditionen.

Romanische Architektur und Plastik sind im Midi auf vielfältige Weise vertreten: Während man in Toulouse und in den Klöstern am Nordhang der Pyrenäen ihre Entstehung studieren kann, zeigt die Provence, wo man sich stark an antiken Vorbildern orientierte, die Spätphase des Stils.

Die Gotik wurde Südfrankreich fast wie eine fremde Kultur aufgezwungen und nach dem Anschluß des Languedoc an Frankreich dort als Baustil der Kapetinger propagiert. In Narbonne, Toulouse und auch Limoges wurde mit dem Bau neuer Kathedralen begonnen. Erst später gelangen eigenständige, „südfranzösi-

Ländliche Architektur

Die ländliche Architektur war von jeher ihrer jeweiligen Umgebung, Funktion und dem vorherrschenden Klima angepaßt. So ist das provenzalische Mas mit den typischen römischen Ziegeln wegen der Sonne meist mit nur kleinen Fenstern ausgestattet. Die Hütten der Gardians in der Camargue mit ihren reetgedeckten Dächern sind auf der Nordseite abgerundet, um dem kalten Mistral keine Angriffsfläche zu bieten. Die Häuser in der Auvergne sind aus Vulkangestein; in den Cevennen wird mit Schiefer, „Lauze" genannt, gedeckt. Auf den Hochebenen sind die Höfe mit großen Scheunen und geräumigen Ställen ausgestattet, in den Weinregionen muß Platz sein für Keller und Werkzeug. Im Baskenland sind die Häuser in rotem oder grünem Fachwerk erbaut. Die Bedeutung ihrer Behausung für die Basken läßt sich daran ermessen, daß in den Familiennamen häufig die Silbe „etche" für Haus enthalten ist.

sche" Schöpfungen. Einer der größten gotischen Komplexe der Profanarchitektur ist der Papstpalast in Avignon. In dieser Stadt spielte der italienische Einfluß eine besondere Rolle, denn die Päpste, obwohl selbst französischer Abstammung, bevorzugten „moderne" Maler aus Italien wie z.B. Simone Martini und Matteo Giovanetti.

Der päpstliche Hof hatte unter anderem auch den Vater von Francesco Petrarca nach seiner Verbannung aus Florenz nach Frankreich gezogen. Der Dichter ließ sich jedoch fern des Getriebes in Fontaine-de-Vaucluse nieder. Seiner Angebeteten, Laura, hat er mit unzähligen Sonetten zur Unsterblichkeit verholfen.

Eine der Antworten auf die harten Lebensbedingungen während der Auseinandersetzungen zwischen England und Frankreich waren die Bastiden, die im 13. und 14. Jh. in Aquitanien gleich massenhaft aus dem Boden gestampft wurden. Die kleinen, stark befestigten Städte mit rechtwinkligem Straßennetz, Kirche und zentralem Marktplatz (oft mit hölzernen Hallen) dienten als Fluchtburgen und sollten die teilweise mit Privilegien ausgestattete Bevölkerung im Grenzgebiet halten bzw. anziehen.

Während der Wiederaufbauphase nach dem 1453 beendeten Hundertjährigen Krieg werden die letzten Gebäude in spätgotischem Stil errichtet, bevor im folgenden Jahrhundert die Renaissance Einzug hielt. Doch macht sich jetzt zunehmend der Einfluß der Zentralmacht im fernen Paris bemerkbar, unter die südfranzösische Kunst einiges an ihrer Originalität einbüßt. Spätestens seit Louis XIV waren der Hof und Paris tonangebend, der Midi wurde zur „Provinz".

Erst im vorigen Jahrhundert wußten manche den Süden wieder zu schätzen, dem es gelang, ein neues Selbstbewußtsein zu entwickeln. Dies zeigen vor allem die Bemühungen um die Regionalsprachen, allen voran die Langue d'oc, um die sich Frédéric Mistral verdient gemacht hat (Literaturnobelpreis 1904). Zehn Jahre jünger als der 1830 geborene Mistral war Alphonse Daudet, der bedeutende Erzähler des Midi. Bekannt wurde er mit seinen „Briefen aus meiner Mühle". Die Maler schätzten am Süden hauptsächlich das Licht, viele waren auch froh, daß es sich hier so billig leben ließ. Paul Cézanne lebte in Aix-en-Provence, van Gogh war 1888 nach Arles gegangen. Estaque bei Marseille war ein beliebter Treffpunkt, wo u. a. Renoir (der sich später nach Cagnes-sur-Mer an der „Côte" zurückzog) und Georges Braque gerne arbeiteten. Eine ähnliche Rolle spielte Collioure (Rousillon) für die Fauves. Paul Signac hatte St-Tropez unter Künstlern populär gemacht. Chagall, Matisse und natürlich Picasso zog es immer wieder in den Süden, wo sie sich zeitweilig auch ganz niederließen. Der Ungar Victor Vasarély verliebte sich in Gordes, ein typisch provenzalisches Dorf auf einem Hügel, in dessen Schloß sich 1970 ein Museum mit Werken des Op-art-Künstlers befindet. Seit 1970 können den Liebhabern der klassischen Moderne die Museen an der Côte d'Azur gar nicht warm genug empfohlen werden!

Das Palais des Papes in Avignon gleicht einer Festung

Frédéric Mistral setzte sich für die Wiederbelebung der Regionalsprache Langue d'Oc ein

Auch einige zeitgenössische Architekten führten im Midi interessante Projekte aus. Viel beachtet waren in den 70er Jahren die Pyramidenhäuser in La Grande Motte, der wohl gelungensten Retortenstadt, die an der Küste des Languedoc damals für den Tourismus realisiert wurden. Der Katalane Ricardo Bofill entwarf für Montpellier ein ganzes Viertel im postmodernen Stil, das eindeutig Stilelemte der Antike aufweist.

Marseille ist unwiderruflich mit Marcel Pagnol verbunden, der mit der Trilogie „Marius", „Fanny" und „César", seinen Helden aus dem Hafenmilieu zur Unsterblichkeit verhalf.

Sylvester Stallone bei der Premiere von „Cliffhanger" in Cannes

Essen und Trinken

Böse Zungen behaupten, daß eine abwechslungsreiche Küche in Frankreich erst mit Katharina von Medici, der italienischen Gattin von König Henri II, im 16. Jh. Einzug gehalten habe. Für die südfranzösischen Regionen trifft das mit Sicherheit nicht zu, denn die Eßkultur hatte hier schon vorher Tradition. Heute setzt die Fast-food-Welle amerikanischer Machart mancherorts alles daran, die Gastronomie in Bedrängnis zu bringen, doch glücklicherweise hat es in diesem Land zu mehr als einigen Schnellrestaurants in Großstädten nicht gereicht. Immer mehr Gastwirte setzen zur Freude ihrer in- und ausländischen Gäste auf die regionalen Spezialitäten.

Im Laufe der Zeit hat sich aus so manchem Armeleuteessen eine Köstlichkeit entwickelt, wie das Beispiel *Bouillabaisse* zeigt. Die ursprünglich simple Fischsuppe erwies sich als der Renner und gilt inzwischen als Visitenkarte eines Lokals. Der zwischen Toulouse und Castelnaudary bekannte *Cassoulet,* ein einfacher Bohneneintopf, erhielt seine gastronomischen Weihen, als er mit eingelegtem Gänsefleisch angereichert wurde. In den Alpengebieten sind es die mit Käse gefüllten Ravioli und die Nußkuchen.

An der Atlantikküste wird vorwiegend Fisch serviert, im Baskenland erhalten sie durch Paprika und Piment ihre pikante Würze. Vielerorts ist nach wie vor die Gänsestopfleber beliebt, obwohl die vergrößerte Leber dieser Tiere nicht gerade auf artgerechte Haltung zurückzuführen ist. Mit Trüffeln heißt die Delikatesse *Foie gras truffé.*

In der Provence dreht sich vieles um die Olive. Die *Tapenade,* eine Paste aus dem Fruchtfleisch der Oliven, Kräutern und Anchovis, hat einen nicht minder würzigen Geschmack als die Knoblauchmayonnaise *Aïoli*. In den Bergregionen des Languedoc gehört auf den Sonntagstisch gut gewürztes Lammfleisch, *Agneau*, oder ein Kaninchen in Senfsauce, *Lapin à la Moutarde*. Im Roussillon wird aus einem Schneckenessen bei der „Cargolade" ein Fest. Kleine Schnecken, *Escargots*, werden auf dem Holzkohlengrill gegart und zusammen mit reichlich Rotwein in freier Natur genossen.

Käse wird wie in ganz Frankreich hoch geschätzt. Für jeden Tag des Jahres eine andere Sorte, dieser Vielfalt rühmt man sich gerne jenseits des Rheins. In den Kellereien von Roquefort reift der gleichnamige Blauschimmelkäse. Ähnliche Schafskäse werden auch in der Auvergne und auf den Hochebenen der Causses produziert. Neben den Schafen sind Ziegen zuverlässige Milchlieferanten für würzige Käsesorten. In den Pyrenäen und in den Alpengebieten wird hauptsächlich Kuhmilch zu großen Käselaiben verarbeitet. Im Aubrac sind es die gleichnamigen Kühe, die für die Basis der wichtigsten Zutat des *Aligot* sorgen, eines Pürees aus Frischkäse und Kartoffeln.

Der *Apéritif* ist aus dem Leben der Südfranzosen nicht wegzudenken. Man trifft sich im Bistro, auf der Terrasse eines Cafés oder zu Hause mit Freunden, um mit Pastis, Porto oder Muscat den Appetit anzuregen. Kaffee wird als *Express* nach dem Essen getrunken.

Zum eher kleinen Frühstück, Croissants oder Baguette mit Marmelade, gehört der *Café au lait*. Am Abend wird manchmal eine *Infusion* oder *Tisane* (Kräutertee) bevorzugt. Das Wort *Thé* ist dem Schwarztee vorbehalten.

Zum Essen wird gewöhnlich Wein getrunken, daran hat auch die Senkung der Promillegrenze für Autofahrer nicht viel geändert. Außer den bekannten Lagen entlang der Rhône, den Weinen der Corbières und den Bordeauxweinen mit den klingenden Namen aus Mar-

Es soll 350 verschiedene Käsesorten geben

Wein ist der selbstverständliche Begleiter eines guten Essens

Zu den Spezialitäten Südfrankreichs gehören Muschelgerichte

gaux, St-Emilion und Sauternes gibt es eine Reihe aufstrebender Gebiete, in denen edle, von Kennern überaus geschätzte Tropfen gekeltert werden. Die Madiranweine, der sehr kräftige Bandol, einige Minervois oder ein Bergerac gehören dazu.

Den würdigen Abschluß einer Mahlzeit bildet der *Digestif,* ein Verdauungsschnaps. Beliebt sind die Weinbrände Cognac und Armagnac.

Die Euro-Einheitsküche?

Kenner der Haute Cuisine loben die Vielfalt der französischen Küche. Ihre Grundlage sind die von Generation zu Generation vererbten Rezepte und eine unendlich großes Angebot ausgezeichneter landwirtschaftlicher Produkte. Doch scheinbar unbemerkt von den Anhängern der französischen Kochkunst sorgt eine Bestimmungsflut aus Brüssel dafür, daß immer mehr bäuerliche Kleinbetriebe aufgeben, ihre traditionell hergestellten Waren vom Markt verschwinden. Die seit 1982 erlassenen Regelungen sind weitreichend und werden in der Mehrzahl auch respektiert. Wenn jedoch EU-Kommissare bzw. deren lokale Vertreter darauf beharren, daß beispielsweise ein Entenzüchter neue Produktionsräume für die Pastetenherstellung bauen muß, weil bei den bisherigen 20 cm zur EU-genormten Deckenhöhe fehlen, dann stellt sich die Frage, um was es hier geht: Produktverbesserung oder Schikane.

Vielen Produzenten mangelt es an den nötigen Mitteln, die immer neuen Richtlinien zu erfüllen. Sie geben auf. Die Folge ist eine weiter fortschreitende Industrialisierung der landwirtschaftlichen Produktion mit zwangsläufig einhergehender Standardisierung der Lebensmittel und des Geschmacks.

Urlaub aktiv

Bei der geringen Verkehrsdichte in ländlichen Regionen bieten sich für **Radfahrer** auf den asphaltierten Nebenstraßen ideale Bedingungen für ausgedehnte Touren. In manchen Gebieten sind die Strecken ausgeschildert.

Kartenmaterial ist in den Fremdenverkehrsämtern und im Buchhandel erhältlich. Mieträder und Mountainbikes gibt es in allen größeren Orten.

❶ Auskünfte über den Transport von Fahrrädern mit dem Zug erteilen die Französischen Eisenbahnen SNCF, Westendstr. 24, D-60325 Frankfurt/M., ☎ 0 69/72 84 45, 🖷 72 74 68.

Die schönsten **Golfplätze** liegen an der Gironde und im Baskenland.

❶ Comité Régional du Tourisme de l'Aquitaine, 23, Parvis des Chartrons, F-33074 Bordeaux Cedex, ☎ 05 56 01 70 00, 🖷 05 56 01 70 07.

Drachen- und **Gleitschirmfliegen** sowie **Klettern** gehören natürlich zu den bevorzugten Aktivitäten in den Bergregionen. In den Calanques bei Marseille läßt sich Klettern mit Baden gut verbinden (S. 34).

Beliebtes Ziel der **Free climber** sind die Verdon-Schluchten (S. 57).

Reiter fühlen sich in der Auvergne wohl. Reitwanderungen werden im gesamten Südwesten angeboten.

Wandern wird in Frankreich zunehmend beliebter, mittlerweile sind die Wanderwege auch besser gekennzeichnet. Nützliche Wanderkarten gibt das Institut Géographique National (IGN) heraus. Die Fernwanderwege „GR" sind in der Regel sehr gut beschildert, ebenso die lokalen Wanderwege „PR".

❶ Centre d'Information Sentiers et Randonnées, 64, rue Gergovie, F-75014 Paris, ☎ 01 45 45 31 02.

In einigen Urlaubsorten werden vielfältige **Sportprogramme**, „multiactivités", angeboten. Je nach Lage und Möglichkeit des Ortes üben die Teilnehmer jeden Tag eine andere Sportart aus.

Tauchen kann man im Unterwasser-Naturschutzpark der Insel Port-Gros, die zu den Iles d'Hyères gehört, und an der Küste zwischen Port-Vendres und Banyuls südlich von Perpignan.

Die besten Surfreviere liegen auf der Halbinsel Giens bei Hyères

Kanu-, Kajak- und **Wildwassertouren** sowie **Rafting** machen auf den Flüssen der Provence, des Zentralmassivs, der Ardèche und in der Auvergne viel Spaß. Die abenteuerliche Variante heißt **Canyoning**. Dabei wird nicht nur gelaufen und geschwommen, hin und wieder muß man sich abseilen oder ins Wasser springen.

Windsurfer schätzen u. a. die Gegend bei Six-Fours südwestlich von Toulon. Surfreviere findet man auch an den Stränden der Halbinsel Giens bei Hyères, darüber hinaus auf den Alpenseen sowie den Gewässern im Hinterland der Provence.

Während der Saison kann es eng werden auf der Ardèche

Wellenreiter fühlen sich an der südlichen Atlantikküste in ihrem Element, so in Lacanau-Plage und in Anglet bei Biarritz.

Die bekanntesten **Skigebiete** liegen in den Seealpen und in den Pyrenäen. In diesen modernen Wintersportzentren liegen die Unterkünfte direkt bei den Liften. Tarantaise ist bekannt für seinen Skizirkus. Gemütlicher sind die gewachsenen Skiorte, wo meist Pendelbusse zu den Liftstationen verkehren, wie z. B. in Serre Chevalier. Einige Orte in den Pyrenäen, wie St-Lary und Barèges, bieten die Möglichkeit, Skifahren mit **Fitneßkuren** zu verbinden.

❶ Sport- und Freizeitbroschüren erhält man bei den regionalen Fremdenverkehrsbüros und der Maison de la France (S. 93).

Wanderweg im Naturpark Calanques

Reisen nach und in Südfrankreich

Mit dem Flugzeug

Die Direktverbindungen nach Lyon, Toulouse, Bordeaux, Nizza und Marseille werden von allen großen deutschen Flughäfen angeboten. Städte wie Béziers, Biarritz, Clermont-Ferrand, Limoges, Montpellier, Nîmes, Pau, Perigueux, Perpignan und Toulon, Castres oder Tarbes sind nur via Paris zu erreichen.

Von Zürich fliegt man direkt nach Bordeaux, Nizza und Toulouse, von Genf nach Nizza und Toulouse, von Wien nach Nizza. Ansonsten muß man in Paris umsteigen. Für Südwestdeutschland und die Schweiz ist Straßburg als Ausgangspunkt aufgrund der günstigen Inlandstarife interessant.

Mit dem Auto

Die Autobahnen sind gebührenpflichtig. Die Autobahngebühren können selbst bei kleineren Summen per Kreditkarte bezahlt werden. Preisbeispiele für einen Pkw: Lyon–Marseille 103 FF, Montpellier–Le Perthus (spanische Grenze) 69 FF, Bordeaux–Toulouse 85 FF.

Die Anreise von Mulhouse bis Beaune, dann weiter über die „Autoroute du soleil" nach Lyon und Orange. Anschließend führt die „Languedocienne" bis zur spanischen Grenze. Die Autobahn in östlicher Richtung verläuft über Aix-en-Provence bis nach Italien. Von Aix führen kleine Teilstücke nach Marseille und Toulon. Ab Narbonne beginnt die Autobahnquerverbindung zum Atlantik vorbei an Carcassonne und Toulouse bis Bordeaux. Die Lyon-

Umfahrung ist 20 km nördlich ab Anse über die A 46 möglich. Von Osten nach Westen besteht eine Autobahnverbindung von Lyon bis Clermont-Ferrand, anschließend bleiben nur die Nationalstraßen.

Die Höchstgeschwindigkeit auf den Autobahnen beträgt 130 km/h, bei Regen 110 km/h, auf Landstraßen muß 90 km/h oder 80 km/h gefahren werden, innerhalb geschlossener Ortschaften sind 50 km/h erlaubt. Die Promillegrenze liegt bei 0,5 %, Geschwindigkeitskontrollen sind häufig. Bei Übertretungen können die Strafen recht drastisch ausfallen. Ausländer werden sofort zur Kasse gebeten (Bezahlung per Scheck möglich). Mit hohen Summen wird auch das unrechtmäßige Fahren in Naturschutzgebieten geahndet.

Zu Beginn und Ende der Ferienzeit, Anfang Juli und Ende August, sollte man vor allem die Wochenenden als Reisetage meiden. Darüber hinaus sind die Tage um den 14. Juli und den 15. August nicht empfehlenswert. Franzosen legen ihren Urlaub gern zwischen diese beiden Feiertage. Auf den Autobahnen sind die Frequenzen der Radiosender mit regelmäßigen Verkehrsinformationen angezeigt. Wer trotzdem an den staugefährdeten Tagen reisen muß, kann auf die mit „Itinéraire bis" gekennzeichneten Alternativstrecken über Nationalstraßen ausweichen.

Das Nationalitätskennzeichens (D, A, CH) am Pkw ist nicht vorgeschrieben, man sollte es dennoch am Wagen anbringen. Es versteht sich von selbst, daß man die Fahrt nicht ohne den Führerschein und den Kfz-Schein antritt.

Die Mitnahme der grünen Versicherungskarte ist empfehlenswert. Im Straßenverkehr stur auf sein Recht zu pochen, ist auch in Südfrankreich wenig sinnvoll. Man arrangiert sich je nach Situation miteinander. Im allgemeinen ist der Franzose dafür bekannt, daß er flott, aber keinesfalls rücksichtslos fährt.

❶ Auskünfte über die Autobahnen: ☎ 01 47 05 90 01 und beim ADAC. Automobil Club de France, 59, rue Charlot, F-75003 Paris, ☎ 01 42 74 69 47, 🖷 01 42 74 69 29; Notruf: ☎ 17.

Mit der Bahn

Zu den gängigsten Direktverbindungen von Deutschland nach Südfrankreich zählen die Nachtzüge.

Viele Ziele in Südfrankreich sind nur über Paris zu erreichen. Von dort aus kann in Richtung Bordeaux sowie nach Marseille und Toulouse der TGV benutzt werden; für den Superschnellzug ist die Reservierung obligatorisch (bis 1 Stunde vor Abfahrt). Bei Fahrkartenautomaten ist meistens die Bezahlung mit Kreditkarte möglich.

Hauptbahnhof in Toulouse

❶ Französische Eisenbahnen SNCF, Westendstr. 24, D-60325 Frankfurt/M., ☎ 0 69/72 84 45, 🖷 72 74 68.

Mit dem Bus

Europabusse fahren regelmäßig von Deutschland nach Südfrankreich, teilweise sind diese Busse die ganze Nacht unterwegs.

Das Grand Hotel ...

❶ Deutsche Touring GmbH, Am Römerhof 17, D-60486 Frankfurt/M., ☎ 0 69/7 90 32 42; weitere Büros in D-20097 Hamburg, Adenauerallee 74, ☎ 0 40/24 98 18; D-50668 Köln, Breslauer Platz, ☎ 02 21/12 00 44; D-80335 München, Arnulfstraße 3, ☎ 0 89/59 18 24.

Das öffentliche Nahverkehrsnetz zwischen den Großstädten ist mit Bahn- und Busverbindungen halbwegs gut ausgestattet. In unmittelbarer Nachbarschaft der großen Bahnhöfe liegt meistens gleich der Busbahnhof *(gare routière)*. In ländlichen Gebieten verkehren Busse seltener, manchmal sogar nur einmal am Tag.

... und noch eine Nobelherberge in Nizza

Unterkunft

Hotels

Hotels sind in fünf Kategorien (1 bis 4 Sterne, 4-Sterne-Luxus) eingeteilt. Hotelketten sind hauptsächlich an den großen Verkehrsachsen und in Großstädten zu finden. Dort gibt es z. B. die Billighotels wie **Formule 1,** die einfachen Komfort ohne Serviceleistungen bieten, dafür aber sehr preisgünstig sind.

❶ Formule 1, Immeuble Le Descartes, 29, promenade Michel-Simon, BP 159, F-93163 Noisy-le-Grand Cedex, ☎ 01 43 04 01 00, 📠 01 43 05 31 51.

Die Hotels von **Logis de France** sind an ihrem Schild mit dem gelben Kamin auf grünem Grund leicht zu erkennen. Diese Häuser der drei Kategorien (1 bis 3 Sterne) findet man vorwiegend in kleineren Orten und auf dem Land. Angeschlossen ist oft ein Restaurant, in dem regionale Spezialitäten serviert werden.

❶ Der Katalog ist in Frankreich und Deutschland im Buchhandel oder über das GEO-Center ILH, Postfach 80 08 30, D-70508 Stuttgart, ☎ 07 11/7 88 93-4 07, zu erwerben.

Schloßhotels sind in der Organisation **Châteaux et Hôtels Indépendants** zusammengeschlossen.

❶ Centrale de réservation, Galerie du Carrousel du Louvre, F-75008 Paris, ☎ 01 40 15 00 99, 📠 01 40 15 99 95 (Buchungsstelle).

In ehemaligen Mühlen wurden die rund 50 Hotels der **Moulins Etape** eingerichtet. Die **Grandes Etapes des Vignobles** sind Hotels, die in Weinbaugebieten liegen.

❶ Kataloge sind beim Französischen Fremdenverkehrsamt (S. 93) erhältlich.

Die meisten Hotelketten haben auch eine Vertretung in Deutschland. Traditionelle unabhängige Hotels können bei der Reservierungszentrale HIF (Hotels indépendants français) in Frankfurt/M., ☎ 0 69/72 76 33, 📠 17 26 61, gebucht werden.

Privatzimmer heißen Chambres d'Hôte. Mehr als 10 000 hat die Organisation **Gîtes de France** unter Vertrag. Der Zusatz „table d'hôte" verweist auf die Möglichkeit von Halbpension.

❶ Sachsenhäuser Landwehrweg 108, D-60559 Frankfurt/M., ☎ 0 69/68 35 99, 📠 68 62 36.

Bei Gîtes de France können auch **Ferienhäuser** und **-wohnungen** reserviert werden. Die Objekte liegen ausschließlich in ländlichen Gebieten und sind entsprechend Ausstattung und Komfort klassifiziert (1 bis 3 Ähren).

Camping

Wildes Campen ist in Frankreich verboten, es sei denn, man hat das Einverständnis des Grundbesitzers. Das gilt auch für Wohnmobile. Das Land verfügt über eine große Anzahl sowohl privater als auch öffentlicher Plätze. Unter **Camping à la ferme** versteht man Camping auf dem Bauernhof. Verzeichnisse regionaler Plätze gibt es beim Französischen Fremdenverkehrsamt in Frankfurt/M. (S. 93) oder im lokalen Office du Tourisme.

Für Behinderte

In vielen Hotels werden behindertengerechte Zimmer angeboten. Sie sind in den Hotelführern und -listen der regionalen Fremdenverkehrsämter vermerkt.

❶ Organisation CNFLRH, 236 B, rue Tolbiac, F-75013 Paris, ☎ 01 53 80 66 66, 📠 01 53 80 66 67.

Hotel Carlton in Cannes gehört zu den bekannten Adressen, die die „Côte" zu bieten hat

** Lyon

Seite 29

Die heimliche Hauptstadt

Wenn sich frühmorgens um sieben Uhr die Markthallen füllen, schlendern schon die berühmten Küchenchefs durch die Gänge und lassen ihr kritisches Auge prüfend über die Auslagen schweifen. Dort wo die Herren Bocuse, Orsi oder Nadron einkaufen, ist die Ware natürlich von allererster Güte. In der Gastronomie nimmt Lyon am Zusammenfluß von Saône und Rhône unbestritten einen Spitzenplatz ein. Ansonsten sehen viele in Lyon jedoch vor allem ein Hindernis auf dem Weg in den Süden, das man am besten großräumig umfährt. Sie vergessen ganz, daß die ehemalige Hauptstadt Galliens beeindruckende römische Ruinen, eine Renaissance-Altstadt und ein lebhaftes Zentrum besitzt, von den zahlreichen Museen ganz zu schweigen. Und ganz offensichtlich wurde diese Stadt vom Tourismus überhaupt noch nicht so richtig entdeckt.

Stadtgeschichte

Vor 2000 Jahren hieß Lyon Lugdunum nach dem keltischen Gott Lug, dessen Heiligtum durch einen römischen Tempel ersetzt wurde. Gegen Ende des Römischen Reichs wurde die einstige Hauptstadt Galliens zum Zankapfel zwischen Burgundern und Franken. Nominell zum Kaiserreich gehörig, wurde Lyon jedoch von seinen Bischöfen regiert. Als dann im 11. Jh. die erste Brücke über die Saône geschlagen wurde, entwickelte sich die Stadt zum Umschlagplatz am Kreuzungspunkt mittelalterlicher Durchgangsstraßen. Die Anhänger von Petrus Waldes begründeten um 1175 eine religiöse Reformbewegung, deren Ziel die Verkündi-

gung des Evangeliums und ein Leben in Armut war. Wegen ihrer Praxis der Laienpredigt wurden sie schon bald vom Bischof verboten, ihre Mitglieder exkommuniziert und vertrieben.

Im 15. Jh. erhielt die Stadt das Recht zur Abhaltung von Handelsmessen. Sie fanden vierteljährlich statt und zogen Kaufleute aus ganz Europa an, auch italienische Bankiers gründeten hier ihre Niederlassungen.

Als es im 16. Jh. Mode wurde, sich an den Fürstenhöfen Europas in kostbare Seide aus Lyon zu hüllen, führte dies zu einem Wirtschaftsboom ohnegleichen. Verbunden damit war ein rapider Anstieg der Bevölkerung. Selbst Pest und Feuersbrünste konnten den Aufstieg der Stadt nicht nennenswert verzögern. Neue Viertel entstanden. Mit der Einführung der mechanischen Webstühle wurden natürlich auch größere Gebäude notwendig. Zu Beginn des 19. Jhs. klapperten 25 000 Webstühle in den engen, hohen Räumen der Fabriken. Die zunehmende Industrialisierung dieses Erwerbszweiges verschlechterte allerdings die Situation der Handwerker. Die harten Arbeitsbedingungen und die niedrigen Löhne in der Textilbranche führten mehrmals zu blutigen Aufständen der Weber. In dieser Zeit betrat „Guignol" die Bühne und eroberte im Sturm die Symphatie seiner Zuschauer. Bei den Aufführungen im 1808 gegründeten Marionettentheater waren Guignol und seine Kumpane mit ihren bissigen und lustigen Texten ein Ventil für den Volkszorn.

Eine weitere unterhaltsame Erfindung trat im Jahre 1895 von Lyon aus den Siegeszug um die Welt an: Die Brüder mit dem bezeichnenden Namen Lumière erfanden den Kinematographen und drehten in den Straßen von Lyon vor rund 100 Jahren ihren ersten Film.

Die Wirtschaft der Stadt, die heute 415 000 Einwohner hat, ist inzwischen den Weg von der Seide zur Kunstfaser gegangen. Außerdem ist Lyon ein bedeutendes Zentrum der Petrochemie.

1. Gare Funiculaire
2. Musée de la Civilisation Gallo-Romaine
3. Basilique Notre-Dame
4. Cour des Loges
5. Musée de la Marionnette
6. Palais de la Miniature
7. Maison des Canuts
8. Musée de l'Imprimerie et de la Banque
9. Musée des Tissus
10. Parc de La Tête d'Or

Seite 29

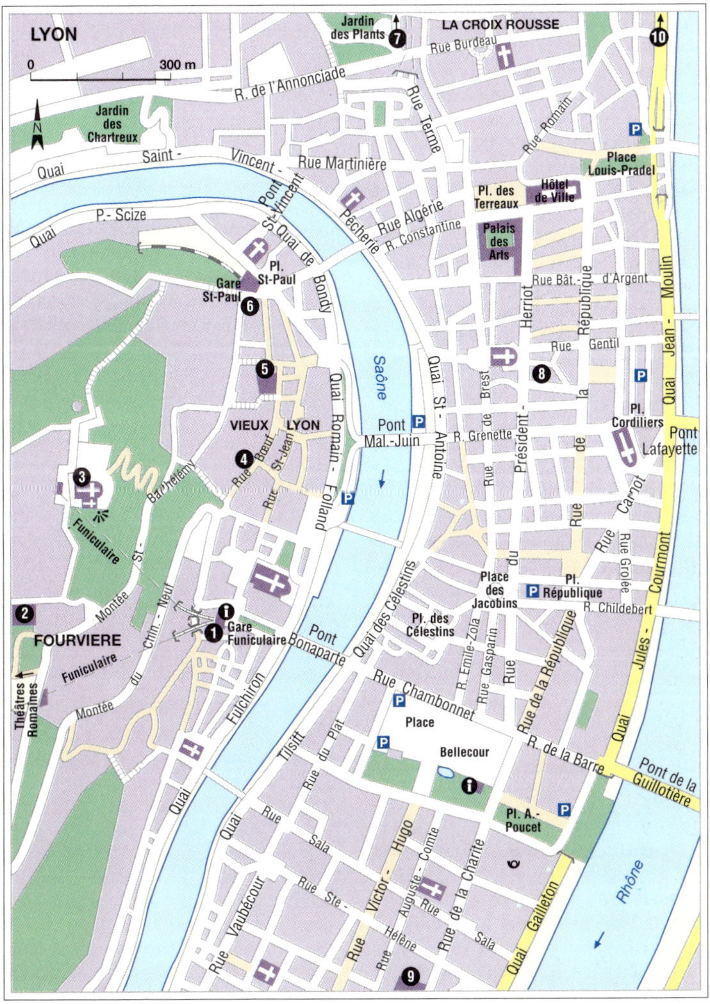

LYON

0   300 m

Jardin des Plants 7
LA CROIX ROUSSE
Rue Burdeau
R. de l'Annonciade
Rue Terme
Rue Romain
Jardin des Chartreux
Quai Saint-Vincent
Rue Martinière
Rue Algérie
R. Constantine
Place Louis-Pradel
Pl. des Terreaux
Hôtel de Ville
Palais des Arts
Quai P.- Scize
Pont St-Vincent
Pêcherie
Rue Bât.
d'Argent
Herriot
Rue de la République
Quai Jean - Moulin
Quai
St-Quai de
Pl. St-Paul
Gare St-Paul 6
Rue Gentil
Rue
Brest
8
5
Saône
Quai Romain
Quai St-Antoine
R. Grenette
Président
Pl. Cordiliers
Pont Lafayette
VIEUX LYON
4
Pont Mal.-Juin
Rue du
Rue
Rue Carnot
Rue Grôlée
Courmont
3
Funiculaire
Bachelemy
Rue Boeuf
Rue St-Jean
Quai Oland
des Célestins
Place des Jacobins
Pl. République
R. Childebert
Pl. des Célestins
Rue Émile-Zola
Rue Gasparin
Rue de la République
Jules
2
FOURVIERE
1
Gare Funiculaire
Pont Bonaparte
Rue Chambonnet
Quai
Théâtres Romains
Funiculaire
Montée du Chin.- Neuf
Fulchiron
Place
Bellecour
R. de la Barre
Pont de la Guillotière
Montée St-
Tilsit
Rue du Plat
Pl. A.- Poucet
Rhône
Quai
Rue Sala
Rue Victor-Hugo
Rue Auguste-Comte
Rue de la Charité
Quai Gailleton
Rue Vaubecour
Rue Ste-
Rue Hélène
Rue Sala
9

Sehenswürdigkeiten

Mit dem Stadtbummel beginnt man am besten dort, wo die Geschichte Lyons ihren Anfang nahm: auf dem Hügel von Fourvière. Unzählige Stufen und zwei Drahtseilbahnen führen ab dem Gare Funiculaire ❶ hinauf zu dem Punkt, an dem die Römer den Grundstein für ihre Siedlung legten. Jetzt steht dort das *Musée de la Civilisation Gallo-Romaine ❷. Es lohnt sich, einen Blick auf die Bronzetafel mit den eingravierten Reden des Kaisers Claudius aus dem Jahr 48 und auf das Modell des antiken Lugdunum zu werfen. Nebenan sieht man noch Reste des *Hadriantheaters* („Grand Théâtre"), das unter Augustus erbaut wurde. Blickfang ist die Basilique Notre-Dame ❸ im opulenten Zuckerbäckerstil des vorigen Jahrhunderts. Vom Vorplatz der Kirche bietet sich ein herrlicher Rundblick über die Stadt.

Unterhalb von Fourvière liegt *Vieux Lyon, eines der schönsten Renaissanceviertel Frankreichs. Dank der aufwendigen Restaurierung leuchten die Fassaden wieder in ihren ursprünglichen Ockertönen. Eines dieser prachtvollen Häuser, die Cour des Loges ❹, wird jetzt als Luxushotel genutzt. Die im Schachbrettmuster angelegten Straßen der Altstadt sind durch *Traboules* verbunden, jenen unzähligen schmalen Durchgängen, die häufig durch prächtige Innenhöfe verlaufen.

Während der Weberaufstände und im Zweiten Weltkrieg dienten die Traboules als Fluchtwege. Typisch für das Viertel sind außerdem die beliebten *Bouchons,* kleine Gaststätten, in denen sich bei einfacher Kost gern die wohlhabendere Gesellschaftsschicht unter „le petit peuple" mischt.

Mitten in der Altstadt entdeckt man das originelle *Musée de la Marionette ❺ an der *Place du Petit Collège.* Die Hauptrolle spielen dort der Spaßmacher Guignol und sein Widersacher Gnafron, dazu gesellen sich Marionetten aus aller Welt. Im Palais de la

Miniature ❻ in der *Rue Juiverie* ist die Welt im Miniaturformat zu sehen: Puppenhäuser, winzige Stilmöbel und Modelle von Pariser Cabarets sind hier zu bewundern.

Einen Umweg lohnt die *Maison des Canuts ❼ an der *Place Croix-Rousse.* Dort bekommten Besucher eine Vorstellung vom harten Leben, aber auch vom handwerklichen Geschick der Seidenweber. Verkauft werden kostbare Seiden, die nach historischen Vorlagen hergestellt werden. Auch im ehemaligen Weberviertel *La Croix Rousse verläuft man sich leicht in den unzähligen Traboules.

Das der Altstadt gegenüberliegende Saône-Ufer erreicht man am besten über die Fußgängerbrücke *St-Vincent.* Spätestens der Bummel über die Wochenmärkte macht Appetit auf die Lyoner Küche: Zu einem der schönsten Märkte gehört zweifellos der am *Quai St-Antoine.* In den Hallen an der *Cour Lafayette,* direkt hinter der gleichnamigen Brücke über die Rhône, decken sich die namhaften Küchenchefs der Stadt mit der knackfrischen Ware ein. (☉ Märkte: werktags 7–12 Uhr.)

Zwischen Saône und Rhône erstrecken sich die Geschäftsviertel. Rund um die Place Bellecour mit der Statue von Louis XIV pulsiert das Leben. Hier liegen die teureren Einkaufsstraßen mit ihren eleganten Läden. Das Bankwesen spielte für Lyon eine ebenso bedeutende Rolle wie das Druckereigewerbe.

Den Aufstieg der Banken und die Entwicklung des Buchdrucks vom ersten Holzschnitt bis zum Lichtsatz veranschaulicht das *Musée de l'Imprimerie et de la Banque ❽ in der *Rue de la Poulaillerie.* Eine umfangreiche Sammlung kostbarer Textilien aus aller Welt, darunter Wandteppiche und koptische Webereien, zeigt das **Musée des Tissus ❾, das in einem Patrizierhaus zwischen Place Bellecour und Place Carnot untergebracht ist. Dort sind Seidendrucke aus dem 17. Jh. zu bewundern, die sowohl zur Innendekoration als auch für Kleidungsstücke verwendet wurden. Parallel zur Rue de la Charité verläuft die *Rue Auguste-Comte,* in der sich Antiquitätenhändler und Galeristen niedergelassen haben.

Noch ein Tip zum Stöbern: Eine Art Supermarkt für Antiquitäten gibt es in der Cité des Antiquaires am **Parc de La Tête d'Or ⓾** nahe der Universität.

Während einer Schiffsrundfahrt auf der Saône und der Rhône präsentiert sich die Stadtkulisse von einer anderen Seite. Sehr reizvoll sind die abendlichen Diner-Kreuzfahrten.

❶ Naviginter, 13 bis, Quai Rambaud, ☏ 04 78 42 96 81.

Praktische Hinweise

❶ Office de Tourisme, Place Bellecour, F-69214 Lyon Cedex 2, ☏ 04 78 42 25 75, 🖷 04 78 37 02 06.

🛪 Internationaler Flughafen, 🚄 TGV, 🚌, Ⓜ.

🏨 **Cour des Loges,** 6, rue du Bœuf, ☏ 04 78 42 75 75, 🖷 04 78 40 93 61. Luxushotel in einem Renaissancebau. Ⓢ⟩⟩
Beaux–Arts, 74, rue du Président-Herriot, ☏ 04 78 38 09 50, 🖷 04 78 42 19 19. Das komfortable Haus verfügt über drei von Künstlern dekorierte Zimmer und liegt nahe der großen Einkaufsstraßen. Ⓢ⟩
Carlton, 4, rue Jussieu, ☏ 04 78 42 56 51. Traditionelles Haus in guter Lage nahe dem Rhône-Ufer. Ⓢ⟩

🏨 **Paul Bocuse,** im 12 km entfernten Collonges-au-Mont-d'Or am Ufer der Saône, ☏ 04 72 42 90 90, 🖷 04 72 27 85 87. Nicht nur die ausgezeichnete Suppe mit Trüffeln gehört zu den Spezialitäten des Meisters. Ⓢ⟩⟩
La Meunière, 11, rue Neuve, ☏ 04 78 28 62 91. Typische Atmosphäre eines „Bouchon". Die Küche bietet regionale Spezialitäten zu vernünftigen Preisen. Ⓢ

Seite 29

Die Basilique Notre-Dame wurde im Zuckerbäckerstil erbaut

Aufwendig wurde das Renaissance-Altstadtviertel restauriert

An der Place de la Baleine

*Marseille

Seite 33

Die verkannte Schöne

Hafenromantik und ein wenig Schmuddelcharme gehören von jeher zum unverwüstlichen Image der zweitgrößten Stadt Frankreichs. Zwar dümpeln im Alten Hafen nur noch Segeljachten vor sich hin, und der moderne Industriehafen bietet wenig Anlaß zur Romantik, doch einen Besuch lohnt das multikulturelle Marseille in jedem Fall. Am Erscheinungsbild der Stadt wird zur Zeit heftig gearbeitet. So wurde ein ganzes Altstadtviertel renoviert, auch der alte Prachtboulevard Canebière soll wieder aufgewertet werden, und die Kulturszene ist äußerst rege. Nicht zuletzt ist man gerade hier, wo man dem Tourismus bis zur letzten Wirtschaftskrise keine sonderliche Beachtung schenkte, sehr darum bemüht, den Gästen einen interessanten Aufenthalt zu bieten.

Stadtgeschichte

Der Alte Hafen, wo griechische Seefahrer um 600 v. Chr. eine Handelsniederlassung gründete, ist noch immer das Herz von Marseille. Den Römern ergab sie sich erst nach monatelangen Kämpfen. Goten und Franken zerstörten im 5. und 6. Jh. einen Großteil der Hafenstadt. Doch Juden, die sich hier etablierten, sorgten schon bald wieder für einen wirtschaftlichen Aufschwung. Die Kreuzzüge führten seit dem 12. Jh. zu einer weiteren Zunahme des Schiffsverkehrs. In dieser Zeit gelang es durch den Einfluß der reichen Kaufleute, eine unabhängige Republik zu errichten, die 1252 mit der Übernahme der Stadt durch Charles d'Anjou, Graf der Provence, ihr Ende fand. Der rebellische Geist der Marseiller und der Reichtum der Bürger machten es den Herrschern weiter schwer, ihre Machtansprüche durchzusetzen. Unter Richelieu wurde die Stadt zum bedeutenden Kriegshafen. Dieser Auftrieb führte erneut zu intensiven Unabhängigkeitsbestrebungen, die Louis XIV nur mit Gewalt unterdrücken konnte.

In den folgenden Jahrhunderten konnte Marseille seine Rolle als wichtiger Mittelmeerhafen behaupten. Mit der Eroberung von Algerien gewann die Stadt weiter an Bedeutung als Handelshafen, was durch den Bau des Suezkanals noch gesteigert wurde. Während des Zweiten Weltkriegs bot Marseille Juden und anderen Verfolgten des Nationalsozialismus Zuflucht. Während der Besatzungszeit durch die Deutschen wurde deshalb das Viertel auf der Nordseite des Vieux Port fast völlig zerstört. Das Ende des Algerienkrieges brachte einen enormen Zuzug von Algerienfranzosen und Nordafrikanern. Die damit einhergehenden Probleme der Integration sind in Marseille (800 000 Einw.) etwas besser gelöst als anderswo.

Sehenswürdigkeiten

Ausgangspunkt des Spaziergans ist das restaurierte Altstadtviertel Le Panier oberhalb des *Vieux Port ❶. Der Aufstieg über die Montée des Accoules, teils Treppe, teils Gasse, erfordert etwas Kondition.

Bis zur neuesten kulturellen Errungenschaft, der Vieille Charité ❷, sind es dann nur noch ein paar Schritte. Der riesige Bau aus dem 17. und 18. Jh. wurde errichtet, um die Nichtseßhaften unterzubringen. Noch auf Anregung des Architekten Le Corbusier wurde er zu einem Kulturzentrum umgewandelt. Eine der eindrucksvollsten Sammlungen der Mittelmeerarchäologie fand hier ihren Platz: Das Musée d'Archéologie Méditerranéenne präsentiert Exponate aus Ägypten, Griechenland, Zypern und sosgar aus der Etruskerzeit. Zur Sammlung gehören eine Holzsta-

ue aus Gizeh (2345 v. Chr.) sowie ein
igurischer Doppelkopf (3 v. Chr.). Ein
weiterer Flügel des Gebäudes ist den
Abteilungen für afrikanische, ozeani-
che und indianische Kunst gewidmet.
n der ehemaligen Kapelle des Gebäudes werden wechselnde Ausstellungen
gezeigt. An der Ostseite des Alten Hafens beginnt die **Canebière,** die 1666
angelegte, einstige Prachtstraße von
Marseille.

Auch der Aufstieg zur Basilika **St-Victor ❸** auf der gegenüberliegenden Seite des Hafenbeckens verlangt etwas
sportliche Ausdauer. Der Bau aus dem
11. und 13. Jh. mit romanischen Ele-
menten erinnert eher an eine Festung.

In der Krypta finden sich Zeugnisse der
frühen Christenheit. Der untere Teil der
Kirche mit Katakomben geht auf das
5. Jh. zurück.

Nebenan bietet eine Bäckerei eine traditionelle Spezialität: Nach einem 200
Jahre alten Rezept werden hier die
Navettes gebacken. Ursprünglich wurde dieses Gebäck mit dem feinen Ge-

Basilique St-Victor: Krypta

❶ Vieux Port
❷ Vieille Charité
❸ Basilique St-Victor
❹ Notre-Dame-de-la-Garde
❺ Jardin du Pharo
❻ Cours d'Estienne-d'Orves
❼ Les Arsenaux
❽ Musée Cantini
❾ Musée des Docks Romains
❿ La Joliette

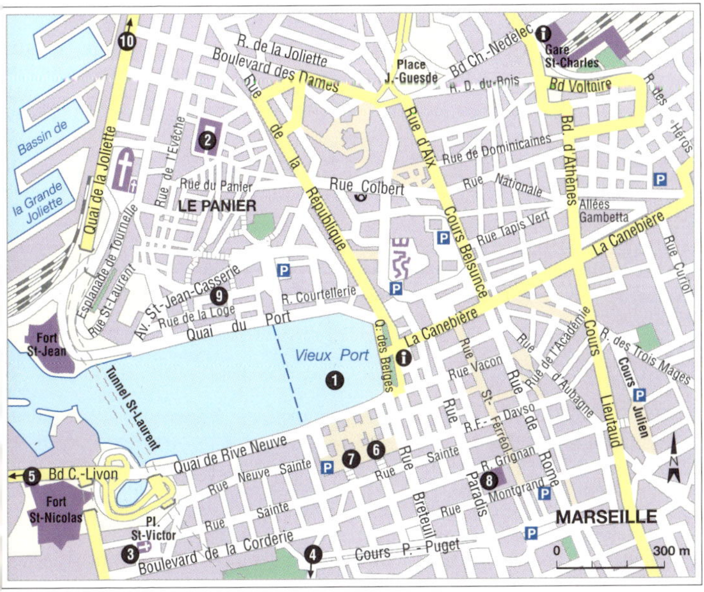

Seite
33

schmack nach Orangenblüten für die Lichtmeßfeiern in der Basilika hergestellt. Einmal geweiht, sollten die Navettes vor Krankheiten schützen. Inzwischen wird das längliche Gebäck das ganze Jahr über verkauft.

Steil geht es hinauf zum Wahrzeichen **Notre–Dame–de–la–Garde ❹**, die im 19. Jh. im protzigen neoromanisch-byzantinischen Stil anstelle einer Wallfahrtskapelle der Schiffer errichtet wurde. Schon bald nannten die Marseiller sie liebevoll „La bonne Mère". eher.swert ist eine ungewöhnlich reichhaltige Sammlung origineller bis kitschiger Votivbilder.

Frischverliebte und schattensuchende Müßiggänger zieht es eher in den **Jardin du Pharo ❺**. Den Park am südlichen Eingang des Alten Hafens ließ Napoléon III rund um ein Palais anlegen, das für Kaiserin Eugénie errichtet worden war. Von dort genießt man einen schönen Blick über den Alten Hafen.

Großer Beliebtheit erfreut sich der **Cours d'Estienne–d'Orves ❻**. Restaurants und kleine Bars laden zum Verweilen ein. Besonders stimmungsvoll ist der italienisch anmutende Platz im Februar, wenn Maskierte in venezianischen Kostümen flanieren und die Hochzeit von Marseille mit dem Meer gefeiert wird. Ursprünglich war an dieser Stelle ein Kanal, in dem die Galeeren vor Anker gingen.

Eine der ehemaligen Lagerhallen wurde umgebaut. **Les Arsenaux ❼** nennt jetzt sich der gesamte Gebäudekomplex bestehend aus einer Buchhandlung, einem mehr als gut sortierten und zudem sonntags geöffneten Antiquariat.

Ein Restaurant und ein Café beleben die Szene.

Im nahen **Musée Cantini ❽** in der *Rue Grignan* wurden die Werke namhafter Künstler zusammengetragen, u. a. von Max Ernst und Henri Matisse. Viele Gemälde stammen aus dem ehemals beliebten Künstlerort L'Estaque, der heute zum Stadtgebiet gehört.

Seit der Gründung durch die Griecher gehören Lagerhäuser und Docks zum Stadtbild Marseilles. Reste eines römischen Handelslagers sind im **Musée des Docks Romains ❾** zu sehen. Ausgestellt sind u. a. freigelegte Wracks römischer Schiffe. Die Docks von **La Joliette ❿** aus dem Jahre 1866 waren zum damaligen Zeitpunkt mit das Modernste, was die europäische Architektur auf diesem Gebiet zu bieten hatte. Ausschließlich aus Stein und Eisen wurden die feuersichere Anlagen erbaut. Seit einigen Jahren läuft ein großangelegtes Restaurierungsprogramm.

Ausflüge

Im Süden liegen die Badebuchten der **Calanques** zwischen steil aufragenden Kalkfelsen. Autofahrer folgen der Küstenstraße *Chemin des Goudes* Richtung Cassis im Osten. Nach erholsamen Stunden unten am Wasser oder einer Wanderung auf den Felshöhen könnte der Tag in einem der zahlreichen Ausflugslokale mit einer Bouillabaisse beendet werden. 🚌 19/20, 🚢 ab Quai des Belges.

Am Alten Hafen legen auch die Boote nach ＊**Château d'If** ab. Alexandre Dumas machte die Festung aus dem 16. Jh. und ihre Verliese zum Schauplatz seines legendären Romans „Der Graf von Monte Christo".

Die Kerker, in denen ab dem 17. Jh. viele politische Gefangene eingesperrt waren, können besichtigt werden (🕐 tgl. 9–19 Uhr; Fähre ab Quai des Belges).

Tip

Ein Programm, das das Fremdenverkehrsamt in Zusammenarbeit mit den Taxibetrieben anbietet, ermöglicht vier verschiedene, in Deutsch kommentierte Rundfahrten, bis hin zu einer vierstündigen Tour zu den Calanques. Die Tickets gibt es im Office Municipal de Tourisme.

Seite 33

Praktische Hinweise

Office Municipal de Tourisme, 4,
a Canebière, F-13001 Marseille,
☎ 04 91 54 91 11, 📠 04 91 33 05 03.

✈ Internationaler Flughafen,
🚄 TGV, Ⓜ, 🚌, ⛴.

Sofitel Vieux Port, 36, bd Ch.-Livon,
☎ 04 91 52 90 19, 📠 04 91 31 46 52.
Modern und komfortabel, vom
Panoramarestaurant Blick auf den
Alten Hafen. ⓢ⟩⟩

Le Petit Nice, 106, Corniche Kennedy,
☎ 04 91 59 25 92, 📠 04 91 59 28 08.
Versteckt liegt dieses Hotel unterhalb
der Küstenstraße. Die Zimmer sind
unterschiedlich mit wertvollen Stil-
und Designermöbeln eingerichtet. ⓢ⟩⟩

St-Ferreols, 19, rue Pisançon,
☎ 04 91 33 12 21. Zentrale Lage zwischen Oper und Altem Hafen. ⓢ⟩

Castellane, 31, rue du Rouet,
☎ 04 91 79 27 54, 📠 04 91 25 44 07.
Das Mittelklassehotel unweit des
Messegeländes ist einfach von
der Autobahn aus zu erreichen,
Metro Castellane. ⓢ

Le Rhul, 269, Corniche Kennedy,
☎ 04 91 52 01 77. Hier wird eine
traditionelle Bouillabaisse serviert,
schöner Blick von der Terrasse
aufs Meer. ⓢ⟩⟩

Le Patalain, 49, rue de la Sainte,
☎ 04 91 55 02 78. Marseiller Spezialitäten, zubereitet von der Küchen-
chefin Suzanne Quaglia. ⓢ⟩⟩

Le Cigalon, 9, bd
Louis-Pasteur,
☎/📠 04 91 43 03 63.
Gemütliches Terrassen-
restaurant. Platanen schüt-
zen den Gast vor der Sonne.
Einfache aber gepflegte
Küche mit typischen
Gerichten der Region. ⓢ

Le Panier des Arts,
3, rue du Petit Puits,
☎ 04 91 56 02 32. Restau-
rant im Stil eines Bistro,
provenzalische Küche mit
viel frischem Gemüse. ⓢ

*Notre-Dame-de-la-Garde ist
das Wahrzeichen der Stadt*

*Im Château d'If spielt der Roman
„Der Graf von Monte Christo"*

*Limoges

Seite 37

Email und Porzellan

Kunstvolle Emailarbeiten und kostbares Porzellan haben Limoges berühmt gemacht. Beim Stadtbummel kann man sich in den Ateliers davon überzeugen, wie gut sich Tradition mit moderner Kunst vereinen läßt. Limoges ist Hauptstadt der noch weitgehend von der Landwirtschaft geprägten Region Limousin und erfreut sich inmitten einer halbwegs intakten Natur eines hohen Freizeitwerts. Trotz seiner Lage abseits der großen Verkehrsachsen hat Limoges den wirtschaftlichen Anschluß an die Gegenwart nicht verloren und ist heute ein aufstrebendes Industriezentrum.

Stadtgeschichte

Limoges ist aus zwei benachbarten Orten entstanden: Cité und Château. An der Stelle der ehemaligen keltischen und römischen Siedlung wurde ein Bischofssitz gegründet, der für die Entwicklung der Cité ausschlaggebend war. Die Festungsmauern gaben der Bevölkerung Schutz. Im 13. Jh. begann man mit den Bauarbeiten für die mächtige Kathedrale St-Etienne, die noch heute das Stadtbild bestimmt.

Es dauerte jedoch 300 Jahre, bis sie endgültig fertiggestellt war. Bis heute ist sie eine der wenigen gotischen Kathedralen im Südwesten Frankreichs. Le Château entstand durch die Ansiedlung von Handwerkern und Händlern rund um die Burg des Vicomte. Die lebhafte Handelstätigkeit verhalf Limoges im Mittelalter zu seiner Bedeutung.

Von der in diesem Stadtteil errichteten Abtei St-Martial, dem Schutzpatron des Limousin geweiht, ist nur die Krypta erhalten. Sie war eine der wichtigen Stationen der Pilger auf ihrem Weg nach Santiago de Compostela. Bis zur Französischen Revolution blieben die Ortsteile voneinander unabhängig. Nach der Zerstörung der Abtei durch die Revolutionstruppen wurde das Stadtviertel in „Quartier de la République" umbenannt. Die Rivalitäten zwischen den beiden Vierteln Château mit seinem florierenden Handwerk und der mehr vom religiösen Leben beeinflußten Cité bestimmten über Jahrhunderte das politische Geschehen der Stadt.

Mit der Einführung der Emailkunst durch die Mönche begann der wirtschaftliche Aufstieg. Die Schmuckarbeiten, im typischen Blau gehalten, waren begehrter Bestandteil eines Kirchenschatzes. Ein erneuter wirtschaftlicher Aufschwung begann im 18. Jh. mit dem Abbau von Kaolin, dem Basismaterial für die Porzellanherstellung. Spötter behaupten, noch heute erkenne man einen Bürger der Stadt (133 000 Einw.) an der typischen Handbewegung: Er drehe im Restaurant den Teller auf die Unterseite, um zu sehen, ob er aus seiner Heimatstadt stamme. Limoges wurde zum Inbegriff der Porzellanerzeugung. Seit 1771 wird das Geschirr industriell hergestellt.

Die harten Arbeitsbedingungen führten 1870 zur Gründung der ersten Gewerkschaften. Neben der Porzellanherstellung, die immer noch eine wichtige Rolle einnimmt, ist Limoges führend in der Biotechnologie, besonders auf den Gebieten Wasseraufbereitung und Abfallverwertung.

Sehenswürdigkeiten

Auf dem Stadtplan sind die beiden alten Stadtteile noch deutlich zu erkennen, auch wenn große Boulevards die Stadtmauern ersetzt haben. Die Kathedrale *St-Etienne ❶ oberhalb der Vienne wurde vom Baumeister Jean Deschamps aus der Auvergne konzipiert. Seine Lehrjahre hatte er in Reims verbracht, was am Stil der Kathedrale abzulesen ist. Über den spitzbogigen Arkaden und dem Triforium befinden sich die Fenster des Obergadens, durch die sanftes Licht in den Innenraum fällt. Reinstes Flamboyantmaßwerk schmückt das Westportal aus dem 16. Jh.

Neben der Kathedrale steht der ehemalige Bischofspalast aus dem 18. Jh. Wo einst fromme Männer wandelten, spazieren heute Touristen und Einheimische durch die bischöflichen Terrassengärten oberhalb des Flusses.

Auch das darunterliegende unterirdische Gängelabyrinth **La Règle** ❷ kann teilweise besichtigt werden. Es wurde im Hundertjährigen Krieg angelegt und verband einst die beiden Stadtteile von Limoges' miteinander.

Einige Galerien mußten geschlossen werden, da sie Einbrechern Zugang zu privaten Kellern ermöglichten. Im Pa-

Die Cathédrale St-Etienne

Seite 37

❶ Cathédrale St-Etienne
❷ La Règle
❸ Musée Municipal de l'Evéché
❹ Maison de la Boucherie
❺ Chapelle St-Aurelien
❻ St-Michel-des-Lions
❼ Cour du Temple
❽ Musée National Adrien-Dubouché
❾ Gare des Bénédictins

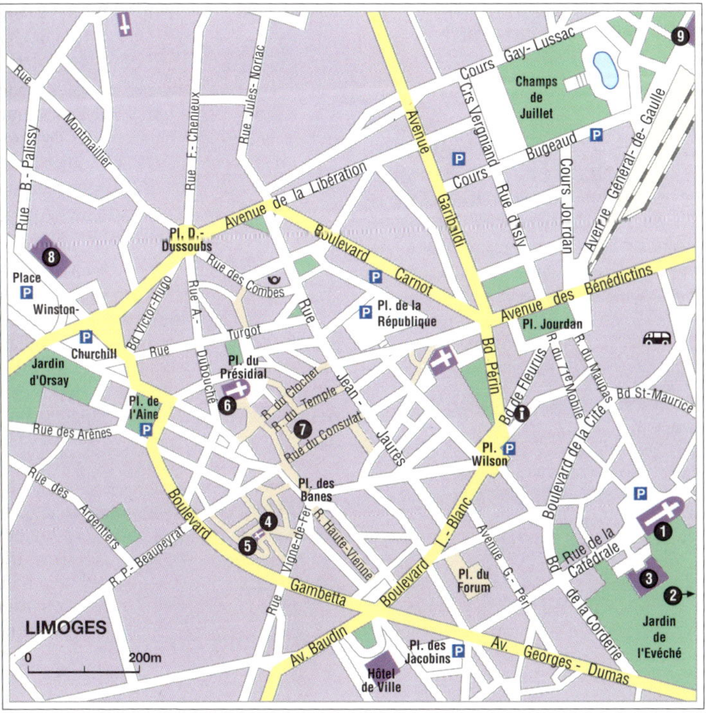

last selbst ist das Städtische Museum, **Musée Municipal de l'Evéché ❸**, untergebracht, das sowohl einen Einblick in die Stadtgeschichte bietet, als auch zahlreiche historische Emailarbeiten zeigt. Außerdem ist zu erfahren, daß Pierre-Auguste Renoir ein echter Limoger Bürger war, der hier 1841 das Licht der Welt erblickte.

In der *Rue Raspail,* über die man den anderen Teil der Altstadt erreicht, steht das sog. Freizeithaus. Seine Sammlung moderner Freizeitspiele lockt viele Interessenten. Technische Spielereien an Computern oder Videos mit effektvoller Geräuschkulisse faszinieren manchen Erwachsenen, wogegen die jüngere Generation mehrheitlich mit größter Selbstverständlichkeit Tastenfelder und Joysticks bedient.

Über die *Rue de la Boucherie* erreicht man das Zentrum der Stadt. Die Straße wurde nach der Zunft der Metzger benannt. Noch heute lockt die „Frairie des petits ventres", was soviel wie „Fest der kleinen Bäuche" bedeutet, am dritten Freitag im Oktober alljährlich mit einer üppigen Auswahl typischer Wurstwaren die Massen an. Ein Großteil der mittelalterlichen Häuser in der Straße ist noch erhalten, wenn auch die meisten davon nicht mehr von Metzgern, sondern von Kunsthandwerkern bewohnt werden. In einem davon, der **Maison de la Boucherie ❹** aus dem 13. Jh., ist ein Museum eingerichtet.

Seine Sammlungen sind Beleg für den Stellenwert der Metzgerinnung in dieser Stadt. Die Bedeutung dieses Handwerks läßt sich auch daran ermessen, daß sich die Zunft mit **St-Aurelien ❺** eine eigene Kapelle in ihrer Gasse errichtete.

Die Markthallen liegen, wie könnte es anders sein, in der *Rue des Halles,* an die sich die *Place des Bancs* anschließt. Täglich außer montags wird hier die Ware unter freiem Himmel angeboten. Vor der Kirche **St-Michel-des-Lions ❻** mit ihren Buntglasfenstern aus dem 15. Jh. beginnt die fotogene Fußgängerzone: Da ist die kleine **Cour du Temple ❼** rundum von hohen Fachwerkhäusern aus dem 16. Jh. eingefaßt.

Die Kirche der Abtei *St-Martial* wurde während der Französischen Revolution zerstört. Der Eingang zur geheimnisvoll wirkenden Krypta mit den Grabmälern des hl. Martial und der hl. Valérie liegt am Rande der Place de la République an der Rue St-Martial.

Das wichtigste Museum ist zweifellos das **Musée National Adrien-Dubouché ❽** außerhalb der Altstadt. Es verfügt über eine stattliche Sammlung, bestehend aus 15 000 Einzelstücken: Porzellan, Keramik und Glas aus mehreren Jahrhunderten, darunter Kostbares aus China und Japan.

Limoges hat mit seinem Hauptbahnhof **✶✶Gare des Bénédictins ❾** ein außergewöhnliches Industriedenkmal. Hier im Nordosten der Stadt lag ursprünglich eine Benediktinerabtei, über deren Mauern in den 20er Jahren unseres Jahrhunderts dieser phantastische Prachtbau errichtet wurde. Sein 60 m hoher Turm mit riesigen Uhren mag einerseits an einen Campanile, andererseits an ein Minarett erinnern, zumal der benachbarte Hallenbau auch Ähnlichkeiten mit einer Moschee aufweist.

Tip

Wer in der Stadt des Porzellans den Wunsch verspürt, seine Schränke mit neuem edlem Geschirr zu füllen, der findet neben einer Reihe von Boutiquen und den Läden der Hersteller im Centre de Distribution de Porcelaine in der Avenue du Maréchal-de-Lattre-de-Tassigny auf 1500 m² eine reiche Auswahl. Die Werkstätten können dort besichtigt werden.

Praktische Hinweise

❶ Office de Tourisme, Boulevard de Fleurus, F-87000 Limoges,

Kunst aus Erde und Feuer

Die **Emailkunst** wurde im Limousin im 12. Jh. in den Klöstern entwickelt. Auf die Einwohner wirkte sie jedoch zunächst wie Teufelswerk aus Erde und Feuer. Die Zutaten Borax, Pottasche, Quarz, Silber, Gold und Kupfer schienen geradezu aus der Giftküche der Alchemisten zu stammen. Zwei Verfahren wurden von den Mönchen angewandt: Die Technik des *émail cloisonné* besteht darin, Metallstreifen zu Mustern zusammenzufügen und sie mit der Schmelze zu überziehen. Beim *émail champlevé* wird mit einer Nadel der Metalluntergrund bearbeitet und das so entstandene Relief dann mit Email ausgegossen. Die geheimnisvollen aus Schmelze und Farbe geschaffenen Darstellungen übten damals eine enorme Anziehungskraft auf die Gläubigen aus. Im 15. und 16. Jh. kam das *émail peint,* die Emailmalerei, hinzu.

Während der Renaissance haben sich zahlreiche Meister dieser Kunst in Limoges niedergelassen, darunter Leonard Limousin. Eine sehr interessante Sammlung mit Stücken aus dem 12. und 13. Jh. ist im Stadtmuseum von Guéret ausgestellt. Der Ort liegt etwa 70 km nördlich von Limoges. Inzwischen hat sich die Emailkunst im Limousin kontinuierlich weiterentwickelt. Alle zwei Jahre treffen sich hier Künstler aus aller Welt, um ihre Produkte zu präsentieren und unterschiedliche Methoden bzw. Arbeitsweisen zu diskutieren.

Erde, Feuer und Wasser spielen auch bei der **Porzellanherstellung** eine wichtige Rolle. Das Kaolin, gefunden bei St-Yrieux in der Nähe von Limoges, diente als Rohmaterial. Ab dem 18. Jh. faßte dieses Kunstgewerbe hier Fuß. Neben der Formung wird der Bemalung viel Sorgfalt gewidmet. Das Blau von Limoges, das bei den Emailarbeiten Anwendung findet, schmückt so manch edles Geschirr. Jedes Jahr im Sommer zeigen die Hersteller im Rathaus der Stadt ihre neuesten Kreationen.

Seite 37

☎ 05 55 34 46 87, 📠 05 55 34 19 12. 🚕, 🚌, 🚐,

🏨 **Royal Limousin,** Place de la République, ☎ 05 55 34 65 30, 📠 05 55 34 55 21. Zentral gelegenes, komfortables Haus mit heller und freundlicher Inneneinrichtung, alle Zimmer verfügen über schallisolierte Fenster. ⑤⟩⟩
Orléans et Lion d'Or, 9 et 11, Cours Jourdan, ☎ 05 55 77 49 71. Zwei Hotels in einem Gebäude. Sie sind bequem vom Bahnhof aus zu erreichen. ⑤⟩

🏨 **Abattoir,** 12, av. de l'Abattoir, ☎ 05 55 30 65 26. Regionale Spezialitäten. ⑤⟩
Petits Ventres, 20, rue de la Boucherie, ☎ 05 55 33 34 02. In diesem Altstadtrestaurant werden in historischem Rahmen kräftige Steaks serviert. ⑤⟩

** Bordeaux

Seite 41

Händler und Weinbarone

Man ist bürgerlich in Bordeaux, sehr bürgerlich. Und man zeigt gerne was man hat, ein gepflegtes Äußeres, eine geschmackvoll eingerichtete Wohnung und natürlich einen wohlsortierten Weinkeller. Die Hauptstadt Aquitaniens ist die Stadt der Händler und Weinbarone. Träge fließt die Garonne ihrem Zusammenfluß mit der Dordogne entgegen, die zusammen die Gironde, den breiten Mündungsfluß bilden, der Bordeaux den Hafen ermöglicht. Dem Zugang zum Meer, einem fruchtbaren Hinterland, und den ausgedehnten Weinfeldern verdankt die Stadt ihren Wohlstand. In den Geschäftstraßen sind die Läden einen Hauch eleganter als sonst im Süden. Die Cafés vermitteln öfters etwas von der Atmosphäre englischer Klubs, und die Gäste geben sich eine Spur leiser als anderswo. Hafenatmosphäre wird man allerdings vergebens suchen, denn die Schiffe ankern weit außerhalb des Zentrums, und die Ufer der Garonne sind verbaut. Anziehender sind die verschiedenen großangelegten Plätze oder die, die eher zufällig rund um die alten Kirchen entstanden sind.

Stadtgeschichte

Vor 2000 Jahren wurde am Ufer der Garonne die römische Siedlung Burdigalia gegründet, die später zur Hauptstadt Aquitaniens erhoben wurde. Schon zu dieser Zeit spielte der Handel mit Wein eine wichtige Rolle. Im 10. Jh. regierte der Graf von Poitiers über ein mächtiges Reich, das von der Auvergne bis zu den Pyrenäen reichte. Unter Herzog Wilhelm von Aquitanien, der als der erst Minnedichter gilt, waren schon im 11. Jh. Troubadoure gern gesehene Gäste bei Hofe.

Mit Eleonore von Aquitanien, die in Bordeaux den französischen König Louis VII ehelichte, begann ein turbulenter Abschnitt der Stadtgeschichte. Durch ihre zweite Heirat mit Heinrich von Plantagenet fiel einige Jahre später Bordeaux an England, denn der Herzog der Normandie und Graf von Anjou erbte den englischen Königstitel. Die darauf folgende lebhafte Handelstätigkeit brachte den Wohlstand. Während des Hundertjährigen Krieges war Bordeaux eine wichtige Garnison der Besatzer. Der „Schwarze Prinz", Sohn Edwards III., führte von hier aus seine erfolgreichen Raubzüge bis ins Languedoc. Mit der endgültigen Eroberung von Bordeaux 1453 war dann auch der Krieg zwischen England und Frankreich beendet. Dreihundert Jahre Fremdherrschaft sind natürlich nicht spurlos an der Stadt vorübergegangen. Manche behaupten sogar, eine gewisse vornehme Zurückhaltung, eine besondere Affinität zum Gutbürgerlichen wäre den Bordelaisern noch heute anzumerken. Trotz einiger Privilegien, nun vom französischen König gewährt, wehrten sich die Bordelaiser gegen die ihnen auferlegten Steuern. Erst mit massiven Drohungen – u. a. wurden zwei Festungsanlagen gebaut – gelang es Louis XIV, die Bevölkerung gefügig zu machen. Die Gründung der Kolonien auf den Antillen brachte im 17. Jh. erneut einen florierenden Handel in Gang. Während der Französischen Revolution kamen aus der Region die führenden Köpfe der Anhänger eines föderalistischen Staatssystems, die sog. Girondins (Girondisten). Sie fungieren übrigens auch als Namensgeber für den bekanntesten Fußballklub der Stadt. Als sich jedoch die radikalen Vertreter eines zentralistischen Regierungsmodells durchsetzten, wurden sie verfolgt, nicht wenige fielen der Guillotine zum Opfer.

Seit dem 18. Jh. wurde die Stadt modernisiert, und bekannte Baumeister verliehen ihr die zum Teil heute noch sichtbare Struktur. Der königliche Architekt Gabriel gestaltete die Place de la Bourse, Tourny baute die großen Straßenzüge.

Seit 1967 verfügt Bordeaux mit der Pont d'Aquitaine über eine der größten Brücken Frankreichs, von der man übrigens einen ausgezeichneten Blick genießt.

Bordeaux (210 000 Einw.) breitet sich weit aus, Hochhäuser fehlen fast gänzlich. Lange Jahrhunderte verband keine einzige Brücke die Stadt mit dem gegenüberliegenden Ufer der Garonne.

Viele der wunderschönen repräsentativen Bauwerke stehen entlang dem Fluß, doch die breiten Quais wurden ganz dem vierspurigen Durchgangsverkehr geopfert. Flaniert wird in Bordeaux in den Einkaufsstraßen dahinter.

Das Rathaus

❶ Musée des Douanes
❷ Porte Cailhau
❸ Porte des Salinières
❹ Basilique St-Michel
❺ La Grosse Cloche
❻ Musée d'Aquitaine
❼ Cathédrale St-André
❽ Musée des Arts Décoratifs
❾ Basilique St-Seurin
❿ Quartiers des Chartrons
⓫ Grand Théâtre

Sehenswürdigkeiten

Die *Place de la Bourse, geplant im 18. Jh. von Jacques Gabriel, vollendet von seinem Sohn, dem Schöpfer der Place de la Concorde in Paris, ist ein elegantes Ensemble. Die Börse und das Zollgebäude repräsentieren beide das aufstrebende Bürgertum der Handelsstadt und fassen diesen Platz ein. Im Musée des Douanes ❶ lassen sich einige sehr interessante Aspekte zur Wirtschaftsgeschichte von Bordeaux erfahren. Die Porte Cailhau ❷ und die Porte des Salinières ❸ markieren zwei der ehemaligen Zugänge zum historischen Zentrum. Besondere Verehrung genießt die *Basilique St-Michel ❹, deren freistehender Turm aus dem 15. Jh. als ein Wahrzeichen der Stadt gilt. In einer der Seitenkapellen ist die hl. Ursula, Beschützerin der Bürger dieser Stadt, dargestellt. Die spätgotische Kirche wurde im Zweiten Weltkrieg schwer beschädigt, danach aber wiederaufgebaut. Max Ingrand gestaltete die modernen Fenster. Die Glocke im Stadttor Grosse Cloche ❺ am Cours Victor-Hugo spielte früher eine wichtige Rolle, läutete sie doch alljährlich die Weinernte ein.

Im Musée d'Aquitaine ❻ ist die wechselhafte Geschichte Aquitaniens dargestellt. Sehenswert ist u. a. die Abteilung antiker und mittelalterlicher Skulpturen, darunter römische Stelen.

Canelets

Canelets heißt die süße Spezialität von Bordeaux, die an jeder Straßenecke angeboten wird. Angeblich verdankt dieses kalorienreiche Gebäck seine Erfindung einem Weinbauern: Zur Klärung des Weins wurde Eiweiß verwendet, so daß in jedem Winzerhaushalt Unmengen Eigelb anfielen. Mit der Kreation der Canelets, die kein Eiweiß enthalten, war für das Eigelb eine sinnvolle Verwendung gefunden.

Zwischen der Place Gambetta und dem Cours d'Albret sind einige der markantesten Gebäude von Bordeaux zu finden. Im Palais Rohan residiert heute die Stadtverwaltung. Davor erhebt sich die mächtigste Kirche der Stadt, die Kathedrale St-André ❼. In ihrem romanischen Vorgängerbau fand 1137 die Hochzeit von Eleonore von Aquitanien und dem späteren König von Frankreich, Louis VII statt. Der Chor wurde im gotischen Stil Nordfrankreichs errichtet, das einschiffige, früher entstandene Langhaus zeigt eher die Bautradition Aquitaniens. Der freistehende Turm aus dem 15. Jh. wurde nach seinem Erbauer, dem Erzbischof Pey Berland benannt. Zwei Museen in unmittelbarer Nähe sind sehenswert: Die Geschichte der Résistance wird im Centre National Jean-Moulin (48, rue Vital-Carles) dargestellt. Das Musée des Beaux-Arts daneben zeigt eine der größten Kunstsammlungen Frankreichs mit Werken von Tizian, Giordano, Rubens und Breughel. Über die Rue des Remparts gelangt man in das elegante Einkaufsviertel um die Rue de la Porte Dijeaux, beginnend mit dem gleichnamigen Stadttor, und dem Cours de l'Intendance, der wohl die elegantesten Geschäfte aufweist.

Gleich dahinter wurde die ehemalige Markthalle zu einem edlen Einkaufstempel umgestaltet. Im Erdgeschoß sind einige Delikatessengeschäfte untergebracht.

Dekorative Kunst, Porzellansammlungen, Gläser und Möbel sind Thema des Musée des Arts Décoratifs ❽ in den Räumen eines alten Herrenhauses in der Rue Bouffard. Zu den interessantesten Teilen der an Kunstschätzen nicht armen Basilique St-Seurin ❾ gehört zweifellos die romanische Krypta aus dem 12. Jh. Auch einige Sarkophage aus der Zeit der Merowinger verdienen Aufmerksamkeit. Wer die Parkanlage des Jardin public durchquert, wo sich das Naturkundemuseum mit einer mineralogischen Sammlung befindet, erreicht über den Cours de Verdun die

Seite 41

Quartiers des Chartrons ❿
mit ihren zahlreichen Wein-
und Antiquitätenhändlern.
Die Eröffnung von Läden in
der Cité Mondiale du Vin
entwickelte sich jedoch zu
einem Flop. Inzwischen wurde aus dem ehrgeizigen Projekt ein Bürozentrum. Dafür
war die Umgestaltung der
Lagerhalle Entrepôt Lainé
wesentlich erfolgreicher. In
ihren Gewölben wurde das
Musée d'Art contemporain, das Museum zeitgenössischer Kunst, untergebracht, das jährlich wechselnde internationale Ausstellungen zeigt.

*Die Börse an der eleganten
Place de la Bourse*

Nach der mit Autos zugeparkten Esplanade des Quinconces mit dem monumentalen Denkmal für die getöteten
Girondisten ist der *Cours du Chapeau-
Rouge* mit dem **Grand Théâtre ⓫
das nächste Ziel. Der Theaterbau, den
der Baumeister Victor Louis Ende des
18. Jhs. errichtete, beeindruckt durch
seine imposante Fassade mit den korinthischen Säulen. Das prächtige Fo-
yer und die Treppen dienten sogar für
das Palais Garnier in Paris als Vorbild.

Praktische Hinweise

❶ Office de Tourisme, 12, cours du
30 Juillct, F-33080 Bordeaux,
☏ 05 56 00 6600, 🖷 0 5 56 00 66 01.

🖘 Internationaler Flughafen,
🚆 TGV, 🚌.

🏨 Grand Hôtel Français, 12, rue du
Temple, ☏ 05 56 48 10 35,
🖷 05 56 81 76 18. Das Gebäude
stammt aus dem 18. Jh. Ⓢ
Continental, 10, rue Montesquieu,
☏ 05 56 52 66 00, 🖷 05 56 52 77 97.
Einfaches Hotel, ruhig gelegen in der
Fußgängerzone. Ⓢ

🏨 Le Chapon Fin, 5, rue Montesquieu,
☏ 05 56 79 10 10. Rustikale Innen-
ausstattung. Meeresfrüchte. ⓈⓈ
Brasserie Noailles, 12, allée de Tourny,
☏ 05 56 81 94 45. Bekannt für seine
Fischspezialitäten. Ⓢ

*Der freistehende Turm der
Basilique St-Michel ist das
Wahrzeichen der Stadt*

Seite 41

**Toulouse

Seite 45

Pastellprinzen und Luftfahrt

Eigentlich sollte man sich dem historischen Kern dieser Stadt nur im letzten warmen Licht der untergehenden Sonne nähern, wenn die riesige Basilika St-Sernin im warmen Rosarot erstrahlt. Da es in der Nähe von Toulouse keine Steinbrüche gibt, baute man mit Ziegelsteinen, die aus dem Schlick der Garonne gebrannt wurden. Toulouse ist eine der multikulturellen Städte des Südens. Studenten, die internationalen Angestellten der Flugzeugindustrie, eine bedeutende Gruppe hier verbliebener spanischer Bürgerkriegsflüchtlinge sowie eine Kolonie Nord- und Schwarzafrikaner tragen zur bunten Mischung der Gesellschaft bei. Inzwischen ziehen mehr Menschen in die Stadt zwischen Garonne und Canal du Midi als nach Paris, was sowohl für die wirtschaftliche Bedeutung als auch für die Attraktivität von Toulouse spricht.

Stadtgeschichte

Seit dem 5. Jh. war Toulouse Hauptstadt des Westgotenreiches. Unter den Grafen von Toulouse, den mächtigsten Feudalherren Okzitaniens, erhielten die Bürger weitgehende Rechte der Selbstbestimmung, die ihnen auch nach der Machtübernahme durch die französische Krone erhalten blieben.

Dennoch war man ihr in Toulouse nicht immer wohlgesonnen: Henri de Montmorency, Gouverneur des Languedoc wurde 1632 wurde wegen Beteiligung an einem Adelsaufstand gegen Louis XIII und Kardinal Richelieu im Innenhof des Capitole hingerichtet.

Der Handel mit Pastell schuf seit Mitte des 15. Jhs. die Basis für den großen Wohlstand und Unabhängigkeitswillen. Prächtige Wohnhäuser zeugen von dem unermeßlichen Reichtum der „Pastellprinzen" genannten Händler. Mit der Einfuhr des billigen Indigo nahm dieser Aufschwung im 16. Jh. jedoch ein jähes Ende. Davon sollte sich die Stadt lange Zeit nicht erholen.

Erst mit der Ära der Luftfahrt, deren Geschichte durch Männer wie Ader, Mermoz oder Saint-Exupéry eng mit Toulouse (360 000 Einw.) verbunden ist, begann der Weg in die Moderne. 1919 wurden mit der Gründung der Flugzeugfabrik „Aerospatiale" durch Pierre-Georges Latécoère die Zeichen für die Zukunft gesetzt. Richtungsweisende Typen wie Caravelle, Concorde und Airbus haben seitdem die Produktionshallen verlassen.

Sehenswürdigkeiten

Das Kreuz des Languedoc, dem Sonnenrad nachempfunden, schmückt den Boden des Vorplatzes des Capitole. Seit den Renovierungsarbeiten gehört der riesige, von Arkaden gesäumte Platz vor dem Rathaus wieder den Bürgern. Das schloßähnliche Gebäude trägt seinen Namen nach den Stadtherren, den Capitouls, die ab dem 13. Jh. die Geschicke von Toulouse bestimmten. An der zentralen **Place du Capitole ❶** steht das klassizistische Rathaus aus dem 18. Jh. mit seinem prunkvollen Treppenaufgang, den monumentalen Wandgemälden und dem großen Versammlungssaal, der dem Publikum zugänglich ist. Die strenge, ca. 120 m lange Fassade des Rathauses wird von ionischen Pilastern aufgelockert.

Ein Spaziergang auf den Spuren der Pastellprinzen läßt den Reichtum der Farbhändler erkennen, ihre aufwendigen Häuser bekrönte jeweils ein Türmchen: je reicher der Händler, um so höher der Turm. Im * **Hôtel Assézat ❷**, erbaut vom bedeutendsten Pastelier der Stadt, Pierre d'Assézat, ist die Kunst-

sammlung Bemberg unterge-
bracht. Die Bilder des 16. und
17. Jhs. kommen in den Räumen aus der gleichen Zeit
besonders gut zur Wirkung.
Einige Säle sind moderne-
ren Künstlern wie Bonnard
gewidmet. Zu den weiteren
Beispielen dieser Zeit gehört
das **Hôtel Bernuy** ❸, in dem
heute eine Schule untergebracht ist, sowie das **Hôtel
Clary** ❹.

An der Place du Capitole

Der rote Backstein, der als Baumaterial
so charakteristisch für Toulouse ist,
wurde selbstverständlich auch für die
Kirchen verwendet. **★★ St-Sernin** ❺ ist
eine der berühmten Pilgerkirchen auf
dem Weg nach Santiago di Compostela
und mit 115 m Länge und einer Breite
von 64 m das größte romanische Got-
teshaus in Frankreich. Die Wallfahrts-

Seite
45

❶ Place du Capitole
❷ Hôtel Assézat
❸ Hôtel Bernuy
❹ Hôtel Clary
❺ St-Sernin
❻ Les Jacobins
❼ Cathédrale St-Etienne
❽ Musée d'Augustins
❾ Tour du Château d'Eau

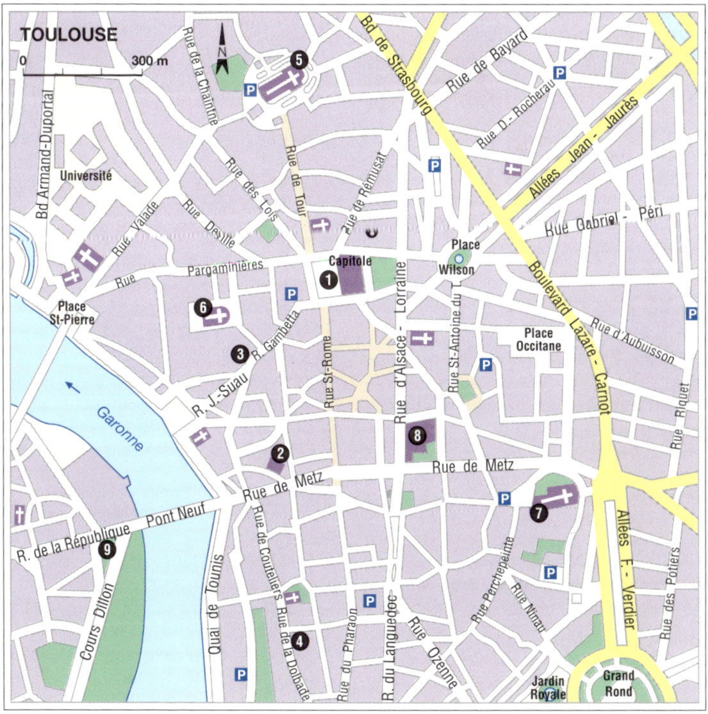

TOULOUSE

0   300 m

kirche mit dem auffälligen Turm wurde ab dem 11. Jh. über dem Grab des Märtyrers Saturninus, des ersten Bischofs von Toulouse, errichtet. Die wie Palmwedel gestalteten Innenpfeiler der Kirche **Les Jacobins** ❻ aus zweifarbigen Ziegelsteinen stehen im Gegensatz zum strengen Äußeren des Baus. Er gehörte zum ältesten Dominikanerkloster überhaupt, das 1216 in Toulouse gegründet worden war. Die Kathedrale **St-Etienne** ❼ wurde immer wieder verändert und ist allein schon wegen ihres abenteuerlichen Stilgemischs sehenswert.

Durch die *Rue de Metz* führt der Weg zum ****Musée des Augustins** ❽. In dem früheren Kloster ist außer Gemälden eine unschätzbare Sammlung romanischer Skulpturen untergebracht. Die **Rue de Metz** ist die Hauptschlagader der Innenstadt mit schönen Geschäften und Straßencafés.

Das Leben in den alten Vierteln, wie in den engen mittelalterlichen Gassen *Rue Ste-Rome* oder *Rue des Changes,* wird zum Großteil von den Studenten geprägt. Toulouse hat nach Paris die zweitgrößte Universität. Die Studenten sorgen an Sommerabenden an den Ufern der Garonne für Leben. Es wird getrommelt oder Gitarre gespielt; Pantomimen versuchen, die Aufmerksamkeit der Passanten auf sich zu richten.

Über die Backsteinbrücke mit den weiten Rundbogen erreicht man am anderen Ufer den ehemaligen Wasserturm, **Tour du Château d'Eau** ❾. In seinen Räumen ist heute ein *Museum für Fotografie* untergebracht. Immer wieder werden hier interessante Ausstellungen international renommierter Fotografen gezeigt.

Entlang dem von Platanen gesäumten *Canal de Brienne,* der die Garonne und den Canal du Midi miteinander verbindet, teilen sich Angler, Jogger, Radfahrer und Verliebte den Uferweg. Eine ausgediente Hochseejacht, die „Cap d'Ambre", verkehrt regelmäßig als Ausflugsboot zwischen den beiden Wasserstraßen. Ausgangspunkt ist der

Port de l'Embouchure. Das alte Hafenbecken schmückt ein monumentales Relief mit Figuren aus der Mythologie. Auf einem ehemaligen Frachtschiff, der zum Ausflugsdampfer umgebauten „Surcouf", werden Fahrten auf dem Canal du Midi angeboten.

In den Randgebieten des modernen Toulouse stehen teilweise futuristisch anmutende Fabrik- und Bürogebäude. Besichtigungen der **Aerospatiale** mit den Produktionsstätten des Airbus sind möglich (Mo bis Sa; Anmeldung bei Taxiway, Avenue Jean-Monnet, F-31770 Colomiers, ☎ 05 61 15 44 00, 🖷 05 61 18 08 51). Auch mit dem Fahrrad läßt sich die Stadt entdecken. Abends, nachdem der Verkehr abgeebbt ist, werden Touren mit Hollandrädern angeboten. (CCT Tourisme, 21, place du Salin, ☎ 05 61 52 47 85, 🖷 05 61 25 42 56).

Praktische Hinweise

❶ Office de Tourisme, Donjon du Capitole, Square Charles-de-Gaulle, F-31080 Toulouse, ☎ 05 61 11 02 22, 🖷 05 61 22 03 63.

✈ Internationaler Flughafen. 🚄 TGV, 🚌, Ⓜ.

🏨 **Le Capoul**, 13, pl. Wilson, F-31000 Toulouse, ☎ 05 61 10 70 70, 🖷 05 61 21 96 70. An einem zentralen Platz mit Brasserien und Kneipen unweit des Capitole gelegen. Elegantes Ambiente. Ⓢ

Hôtel de Brienne, 20, bd Maréchal-Leclerc, ☎ 05 61 23 60 60, 🖷 05 61 23 18 94. Stilles, komfortables Hotel nahe dem Canal de Brienne. Ⓢ

🏨 **Les Jardins de l'Opéra**, 1, pl. du Capitole, ☎ 05 61 23 07 76. Schickes Restaurant im traditionsreichsten Hotel. Gänseleberspezialitäten. Ⓢ⁾⁾

Brasserie des Beaux-Arts, 1, quai Daurade, ☎ 05 61 21 12 12. Unweit der Kunstakademie am Ufer der Garonne. Lockere Atmosphäre, vorwiegend Fisch und Meeresjfrüchte. Ⓢ

Seite 45

** Montpellier

Spielwiese der Architekten

In Montpellier trifft man sich am „Œuf", dem Ei. So heißt der zentrale Platz vor dem Theater, die Place de la Comédie, wegen ihrer Form im Volksmund. Hier genießen Einheimische wie Touristen ihren Pastis. Es gab schon immer zahlreiche Fremde in der alten Universitätsstadt, deren medizinische Fakultät bereits 1220 gegründet wurde. Der Verwaltungssitz der Région Languedoc-Roussillon prunkt mit klassizistischen Stadtpalais. Vor über dreißig Jahren war Montpellier Anziehungspunkt für viele Algerienfranzosen, „Pieds noirs" genannt, was den Bau umfangreicher Neubauviertel, z. B. Antigone, zur Folge hatte.

Stadtgeschichte

Gegründet wurde Montpellier im 10. Jh., als die Dörfer Montpellieret und Montpellier vereinigt wurden. Bis ins 13. Jh. geht die Universität zurück, die im Mittelalter und der Neuzeit sehr angesehen war. Damals fiel die Stadt durch Eheschließung an Aragón und war für 150 Jahre spanische Enklave. Für 120 000 Ecus ging sie 1349 an Frankreich zurück. Jacques Cœur, der reiche Kaufmann und Geldgeber von Charles VII, errichtete um 1450 in Montpellier ein Kontor, wodurch der Handel wieder Auftrieb bekam. Louis XIV machte Montpellier zum Verwaltungssitz des Bas-Languedoc und richtete einige Manufakturen ein. Die Führung der Eisenbahnlinie vom Rhône-Tal zur spanischen Grenze schnitt Montpellier jedoch vom Güterver-

Seite 49

Toulouse: Weithin sichtbar ist der Turm von St-Sernin

Montpellier: auf der Platzanlage Promenade du Peyrou

Place de la Comédie, Ausgangspunkt für Stadtbesichtigungen

kehr ab. Die Stadt (210 000 Einw.) expandierte wieder ab 1962 durch den Zuzug der Algerienfranzosen.

Sehenswürdigkeiten

Seite 49

Die **Place de la Comédie,** deren Brunnen mit den drei Grazien den Blickfang bildet, bietet sich als Ausgangspunkt für den Spaziergang durch die Altstadt an. Von dort ist auch über das Verwaltungsviertel Polygone die Siedlung **Antigone ❶** zu erreichen. Der spanische Avantgardearchitekt Bofill hat für dieses Viertel bei der Antike Anleihen genommen. Hinter mächtigen Fassaden mit monumentalen Säulen und Kapitellen in sandfarbenem Beton liegen Bürogebäude und Sozialwohnungen. Die Hauseingänge der prächtigen „Hôtels" im Stadtzentrum verbergen schöne Innenhöfe mit breiten, verschnörkelten Treppenaufgängen.

In der *Rue Jacques-Cœur* Nr. 7 steht das **Stadtpalais ❷** des Kaufmanns Jacques Cœur, das im 17. Jh. umgebaut wurde. Das Hôtel mit dem säulengeschmückten Innenhof und der monumentalen Treppe war im Ancien Régime Amtssitz des französischen Schatzmeisters.

In die *Rue de l'Aiguillerie* ging man früher, um Kurzwaren einzukaufen, und noch heute finden sich in der lebendigen Geschäftsstraße Läden mit mittelalterlichen Gewölben. Die *Rue de la Loge* und und ihre Verlängerung, die *Rue Foch*, durchqueren die Altstadt und stellen somit die kürzeste Verbindung zwischen den Ringboulevards her, die anstelle der Stadtmauer angelegt wurden. Die **Place Jean-Jaurès** war im Mittelalter das Zentrum der Stadt. Sie wurde über der Krypta der zerstörten Kirche Notre-Dame-des-Tables errichtet, die ihren Namen nach den Tischen der Geldwechsler bekam, die hier ihren Geschäften nachgingen.

Der **Arc de Triomphe ❸** wurde zu Ehren von Louis XIV erbaut. Er verbindet sie Promenade du Peyrou mit der Altstadt. Eine Statue des Sonnenkönigs ziert auch die ****Promenade du Peyrou** mit einem Säulentempel über dem Wasserreservoir der Stadt. Im Schutz schattenspendender Bäume reicht der Panoramablick über die Stadt bis zum **Aqueduc ❹** von Pitot, der das monumentale Bauwerk im 18. Jh. nach dem Modell des Pont du Gard errichtete.

Wer dem *Boulevard Henri IV* folgt, erreicht den ältesten Botanischen Garten Frankreichs, den **Jardin des Plantes,** der Ende des 16. Jhs. für die Medizinstudenten angelegt wurde. Unweit davon befindet sich das **Collège-de-St-Benoît ❺**, das im 14. Jh. Papst Urban V. erbauen ließ. Noch immer sind Teile der Medizinischen Fakultät sowie das Museum der Anatomie hier untergebracht. Darüber hinaus beherbergt das Gebäude das **Musée Atger ❻** mit einer Gemäldesammlung aus den Jahren 1754 bis 1833, darunter Bilder des Malers und Zeichners Jean Honoré Fragonard. Außerdem sind einige mittelalterliche Manuskripte über Religion, Medizin und Musik ausgestellt. Die ehemalige Kapelle des Kollegs wurde 1563 infolge der Verlegung des Bischofssitzes nach Montpellier zur **Cathédrale St-Pierre ❼** erhoben. Der von zwei Backsteinsäulen getragene wuchtige Vorbau fällt an dem 17. und 19. Jh. stark veränderten Sakralbau ins Auge.

Das ****Musée Fabre ❽** verdankt seine Existenz einem bekannten Maler der Stadt: François-Xavier Fabre, einem Schüler Davids. Der Künstler war selbst Sammler, außerdem hatte er eine Gönnerin ihm zahlreiche Werke vermacht. 1825 wurde das Museum einrichtete. Später kamen noch weitere Werke hinzu, so daß die Ausstellung u. a. bedeutende Gemälde von Botticelli, Veronese und Breughel besitzt.

Praktische Hinweise

❶ Office de Tourisme, 78, av. du Pirée, F-34000 Montpellier, ☎ 04 67 22 06 16, 📠 04 67 22 38 10. ✈, 🚆 TGV, 🚌.

Ⓗ **Alliance,** 3, rue Clos René,
☎ 04 67 58 11 22, 📠 04 67 92 13 02.
Komfortables, Jahrhundertwendehotel,
zentrale Lage. Ⓢ⟩⟩
Guilhem, 18, rue J.-J.-Rousseau,
☎ 04 67 52 90 90, 📠 04 67 60 67 67.
In der Nähe des Botanischen
Gartens. Ⓢ⟩

Ⓡ **Réserve Rimbaud,** 820, av. St-Maur,
☎ 04 67 72 52 53. Fischspezialitäten, Terrassenrestaurant am
Lez-Ufer. Ⓢ⟩⟩
Le Ménestrel, Place Préfecture,
☎ 04 67 60 62 51. Gutbürgerliche
Küche in einem ehemaligen Korn-
speicher aus dem 13. Jh. Ⓢ

❶ Antigone
❷ Palais Jacques-Cœur
❸ Arc de Triomphe
❹ Aqueduc de Pitot
❺ Collège-de-St-Benoît
❻ Musée Atger
❼ Cathédrale St-Pierre
❽ Musée Fabre

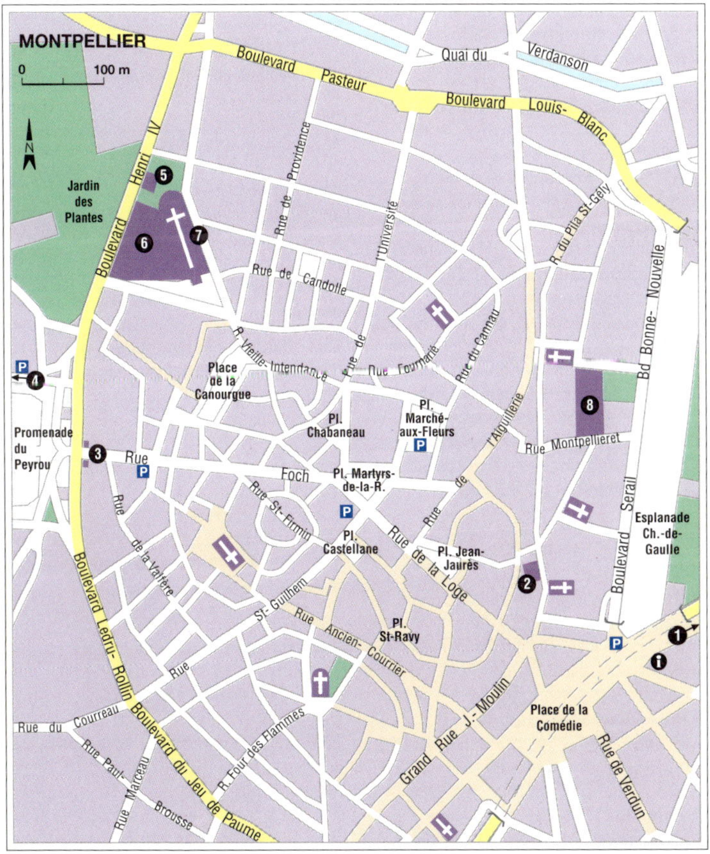

*Nizza

Seite
51

Ein Hauch von Italien

Nizza wurde von den Griechen gegründet, von den Römern ausgebaut, wurde lange von Italien aus regiert und kam 1860 an Frankreich. Doch seinen Ruhm als Ferienort verdankt es den Engländern. Vor gut hundert Jahren entdeckten sie nämlich die Côte d'Azur als idealen Ort, dem nebeligen Winter zu Hause zu entfliehen. Und Nizza dankte es ihnen, indem es seine Prachtstraße entlang der Küste „Promenade des Anglais" nannte. Doch wo einst elegante Damen unter Sonnenschirmen flanierten, tobt heute der Autoverkehr. Gemütlicher ist die Altstadt, die ihre italienische Vergangenheit nicht leugnen kann. Mittlerweile werden die Plätze und Gäßchen restauriert, und die Fassaden der alten Häuser erstrahlen wieder in den typisch rötlichen Farbtönen. Bunt geht es auf dem Cours Saleya zu, wo wochentags mit Blumen gehandelt wird. An der Place Félix gleich nebenan genießen dann die Marktbesucher auf den Terrassen Sonne und Pastis. Schrill zeigt sich Nizza in der zweiwöchigen Karnevalszeit vor Aschermittwoch, in der ausgiebig gefeiert wird.

Stadtgeschichte

Während die Ligurer und Griechen die Küste für ihre Siedlungen vorzogen, errichteten die ihnen folgenden Römer im heutigen Cimiez ihre Häuser und Läden, Thermenanlagen und eine Arena. Germanische Invasoren und Sarazenen zerstörten einen Großteil der Stadt. Ab dem Mittelalter gehörte Nizza zur Grafschaft Provence und wurde zum Zankapfel zwischen Italien und Frankreich. Louis XIV eroberte die Stadt für kurze Zeit, bevor sie wieder an das Herzogtum Savoyen fiel. Für das Piemont war sie der einzige Zugang zum Meer. Unter Napoleon wurde sie erneut französisch, ging jedoch 1814 an den König von Sardinien. Erst eine Volksabstimmung, deren Ausgang mit dem Vertrag von Turin bestätigt wurde, brachte 1860 den endgültigen Anschluß an Frankreich. Mit der Ankunft der Engländer und den nachfolgenden russischen Adligen Ende des 19. Jhs. begann der Aufstieg der Stadt als Winterdomizil für Reiche. An die Zeit der Belle Époque erinnern zahlreiche um 1900 entstandene Villen und Prachtbauten. Natürlich ist Tourismus immer noch eine wichtige Einnahmequelle. Daneben hat sich Nizza als Sitz fortschrittlicher Technologieunternehmen, z. B. auf dem Gebiet der Telekommunikation, profiliert.

Sehenswürdigkeiten

Wer Nizza (342 500 Einw.), wie die Briten in der kühleren Jahreszeit besucht, findet außerhalb der Saison ideale Voraussetzungen, das gute Dutzend sehenswerter Museen in Ruhe zu besuchen.

Das *Musée Matisse ❶ auf dem Hügel von *Cimiez verdankt seine Entstehung einer Schenkung der Familie des Malers. Außer Stilleben, dem berühmten Akt in Blau und Graphiken sind persönliche Dinge von Henri Matisse zu besichtigen, der von 1917 bis zu seinem Tod 1954 hier lebte. Im benachbarten Grabungsgelände sind die Ruinen des Amphitheaters und der Thermenanlage beachtenswert. 🚌 15 und 17 zum Cimiez-Hügel ab Bahnhof.

Auf kurvigen Straßen, vorbei an italienischen Villen, kommt man zum *Musée Marc-Chagall ❷. In einem extra dafür geschaffenen Bau ist ein Bilderzyklus zur Bibel ausgestellt, außerdem einige Glasfenster. Zwei imposante Villen erinnern an das Nizza des 19. Jhs.: Aus dem ehemaligen *Hôtel Régina Palace,* das Queen Victoria gehörte, ist inzwischen ein Luxusappartementhaus geworden. In der *Villa El Paradisio* üben heute Musiker des Konservatoriums. Weiter auf den Spuren der Kunst, folgt man dem Boulevard de Cimiez in Richtung Meer. Mit dem **Musée d'Art moderne et d'Art contemporain** ❸ an der *Promenade des Arts* wurde ein unübersehbarer städtebaulicher Akzent gesetzt. Zu den Exponaten zählen Werke von zeitgenössischen europäischen und amerikanischen Künstlern. Arkaden und gelb verputze Fassaden rund um die **Place Garibaldi** lassen an das nahe Italien denken. Ein Blick in das **Palais Lascaris** ❹ in der *Rue Droite* lohnt sich nicht allein der Ausstellungen wegen,

❶ Musée Matisse
❷ Musée Marc-Chagall
❸ Musée d'Art moderne et d'Art contemporain
❹ Palais Lascaris
❺ Cours Saleya
❻ Tour Bellanda
❼ Musée Masséna
❽ Hôtel Negresco
❾ Musée des Beaux-Arts
❿ Musée Anatol-Jacovsky
⓫ Parc Floral Phoenix

Seite 51

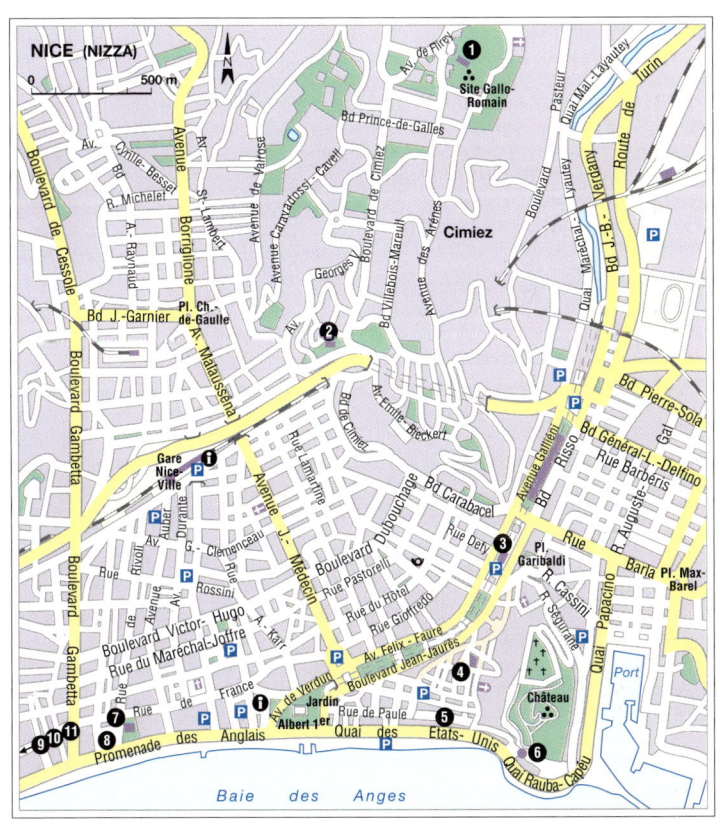

sehenswert ist das Stadtpalais einer Adelsfamilie aus dem 17. Jh. auch wegen seiner Deckenfresken und der reichen Ausstattung. Hinter dem Palais de Justice liegt der **Cours Saleya** ❺, der farbenfrohe Blumenmarkt, mit den Ponchettes, vormals kleine Werften, in die jetzt Fischhandlungen und Restaurants eingezogen sind. In der ****Altstadt** sind Vogelkäfige, die vor den Fensterläden hängen, sehr beliebt. Hier findet man kleine Lebensmittelläden, winzige Restaurants und Bistros, in denen zu einem Glas Wein *pan bagnats* (in Olivenöl getränkte, mit Tomaten und Oliven gefüllte Weißbrottaschen) köstlich schmecken.

Wer vom Cours Saleya zum Meer geht, erreicht die Uferstraße **Quai des Etats-Unis.** An dessen Ende liegen auf einem Hügel, die Ruinen der alten Festung. Die Fahrt mit dem Aufzug hinauf zum Château wird mit einer herrlichen Aussicht auf die Stadt und die Küste belohnt. Am Fuße des Burgfelsens ist in der **Tour Bellanda** ❻ das Schiffahrtsmuseum mit Modellen von Segelbooten, Frachtern und Ozeandampfern untergebracht.

An der ***Promenade des Anglais** liegt das ehemalige Luxushotel Ruhl, heute ein Spielkasino. Kunstgenuß verspricht wieder das **Musée Masséna** ❼. Die Sammlung der einstigen Stadtresidenz von Victor Masséna mit ihrem Palmengarten ist vorwiegend mit religiöser Kunst, Schmuck und Waffen bestückt. Wer die ebenfalls von Palmen gesäumte Küstenstraße entlangbummelt, kommt an einem noch recht lebendigen Relikt aus der Zeit des Luxustourismus, dem **Hôtel Negresco** ❽ vorbei. Das Haus ist zu einer Institution und einem der Wahrzeichen von Nizza geworden. Unter einem funkelnden Kronleuchter liegt der angeblich größte Teppich Frankreichs. Die Besitzerin des Hotels versucht mit gewagten Stilmischungen, den angestaubten Charme etwas aufzufrischen und so ihren vorwiegend amerikanischen Gästen gerecht zu werden. Die Ästhetik bleibt

dabei teilweise auf der Strecke. Zum Glück steht das Bauwerk unter Denkmalschutz. Bei einem Apéritif in der Hotelbar mag man sich vorstellen, wie einst englische Lords und russische Großfürsten hier ein- und ausgingen.

Etwas abseits der Uferpromenade, in der *Avenue des Baumettes,* verbirgt sich hinter der prächtigen Fassade des ehemaligen Wohnsitzes einer russischen Fürstin das **Musée des Beaux-Arts** ❾. Zu sehen sind italienische Gemälde aus dem 17. und 18. Jh., aber auch Werke von Degas und Sisley. Eine ganz andere Kunstrichtung, nämlich naive Malerei, präsentiert das **Musée Anatol-Jacovsky** ❿ im Château Ste-Hélène. Von ihrer modernen Seite zeigt sich die Stadt außerhalb des Zentrums in der **Acropolis,** einem Kongreß- und Veranstaltungskomplex zwischen dem *Boulevard Risso* und der *Avenue Galliéni.* Ebenso futuristisch mutet der **Parc Floral Phoenix** ⓫ am Flughafen mit einem riesigen Gewächshaus an.

Praktische Hinweise

❶ Office de Tourisme, 2, rue Massenet, F-06000 Nice, ☎ 04 93 87 60 60, 📠 04 93 92 82 98.

✈ Internationaler Flughafen, 🚄 TGV, 🚌, ⛴.

Ⓗ **Le Westend,** 31, promenade des Anglais, ☎ 04 93 88 79 91, 📠 04 93 88 85 07. Elegantes Haus im Belle-Époque-Stil mit Privatstrand. Ⓢ
Acropole, 25, bd Dubouchage, ☎ 04 93 80 57 33, 📠 04 93 62 69 11. Zentrale Lage zwischen Altstadt, Parkanlagen und Strand, komfortable Ausstattung. Ⓢ

Ⓡ **Chez La Mère Barale,** 39, rue Beaumont, ☎ 04 93 89 17 94. Sehr typisch, Niçoiser Spezialitäten. Ⓢ
Flo, 4, rue Sacha-Guitry, ☎ 04 93 13 38 38. Die Brasserie mit lockerer Atmosphäre ist in einem ehemaligen Theater aus den 30er Jahren eingerichtet. Ⓢ

Route 1

Im Zeichen des Adlers

** Annecy – * Aix-les-Bains –
* Chambéry – ** Gorges du Verdon –
** Grasse – * Cannes (450 km)

Nizza schmückt sich mit üppigen Belle-Époque-Fassaden

Im März 1815 kam er von Elba übers Meer, um seine verlorene Macht zurückzu-erobern: Exkaiser Napoleon. Bei Cannes legte sein Schiff an, und weil feindliche Truppen seinen Weg durch das Rhône-Tal blockierten, zog er in sieben Tagen über die Voralpen bis Grenoble. Heute ist das schneller zu schaffen, zumal man auf der 1932 eingeweihten „Route Napoléon" nur dem Schild mit dem kaiserlichen Adler folgen muß.

Sonne und Palmen an der Promenade des Anglais in Nizza

Doch auch Eilige sollten sich minde-stens drei Tage Zeit nehmen für die geschichtsträchtige Nationalstraße 85, die aus der alpinen Hochgebirgsland-schaft in die manchmal karge Welt der Seealpen führt und inmitten der üppigsten Vegetation an den sonnigen Stränden der Côte d'Azur endet. Eine kontrastreiche Tour – Bergstiefel und Badesachen nicht vergessen!

** **Annecy** (52000 Einw.) liegt am gleichnamigen See, der sich durch kri-stallklares Wasser auszeichnet. Zur Stadt entwickelte sich der Ort erst ab dem 12. Jh., als die Grafen von Gent eine Burg errichten ließen. Im Laufe der Jahrhunderte hat man immer wieder neue Gebäudeteile angefügt. Heute ist dort das Geschichts- und Volkskundemuseum *Musée du Château d'Annecy* eingerichtet, zu dem auch eine geologisch-mineralogische Samm-lung gehört.

Gorges du Verdon: ideales Ziel für aufregende Kanutouren

1

Seite **55**

Auf beiden Seiten des *Thiou* erstrecken sich die Fußgängerzonen der gemütlichen Altstadt. Hinter der Renaissancefassade der Kathedrale *St-Pierre* aus dem 16. Jh. verbirgt sich ein gotisches Langhaus. Auf der Insel im Thiou steht wie ein Wasserschloß das *Palais de l'Isle,* das für einige Zeit von den Genfer Grafen bewohnt war und später als Gefängnis diente.

🛈 Office de Tourisme 1, rue Jean-Jaurès, F-74000 Annecy,
📞 04 50 45 00 33, 📠 04 50 51 87 20.

🏨 **Hôtel L'Abbaye,** 15, chemin de l'Abbaye, Annecy-le-Vieux,
📞 04 50 23 61 08. Elegante Zimmer im historischen Ambiente einer ehemaligen Abtei geben dem Hotel seinen unverwechselbaren Charme. Ⓢ

Am schönen *Lac de Bourget,* dem größten natürlichen Binnensee Frankreichs, liegt ✷**Aix-les-Bains** (23 500 Einw.), die zweitgrößte Stadt Savoyens. Die schwefelhaltigen warmen Quellen waren schon den Römern bekannt. Noch immer sind in den *Thermes Nationaux* Reste der antiken Badeanlagen zu sehen. Den Bau des modernisierten Thermalbads aus dem Jahr 1779 verdankt der Kurort der Initiative des sardischen Königs Viktor Emanuel III. Aus der Römerzeit stammt auch der *Arc de Campanus.* Das *Musée Impressioniste du Docteur-Faure* (Villa Les Chinières, 10, bd des Côtes) überrascht mit Werken von Degas, Cézanne und Pissarro. Hinzu kommt eine Sammlung mit Plastiken bekannter Bildhauer, darunter Werke von Auguste Rodin.

✷**Chambéry** (54 000 Einw.) war bis 1562 Hauptstadt Savoyens. Danach verlegten die Herzöge ihre Residenz nach Turin. Ihr Stammschloß vereint die unterschiedlichsten Baustile (13. bis 19. Jh.). Die gotische Kirche ✷*Ste-Chapelle* (15. Jh.), soll im darauffolgenden Jahrhundert Aufbewahrungsort des Turiner Grabtuchs gewesen sein. Aus dieser Zeit stammen auch ihre berühmten Glasfenster. Später erhielt sie eine barocke säulengeschmückte Fassade.

In der Rue Croix d'Or stehen einige herrschaftliche Stadthäuser, wie das *Hôtel de Châteauneuf* aus dem 17. Jh. Manche Toreinfahrten lohnen den neugierigen Blick dahinter, denn die Innenhöfe sind ebenso sehenswert wie die dort verborgenen Türmchen und Brunnen.

Die Kirche ✷*St-Pierre-de-Lémenc* wurde über einer Krypta aus der Karolingerzeit errichtet, romanische und gotische Elemente prägen das Gebäude.

Das *Musée Savoisien* mit seiner Münzsammlung und sakralen Kunstwerken ist im ehemaligen Franziskanerkloster untergebracht.

🛈 Office de Tourisme, 24, bd de la Colonne, F-73000 Chambéry,
📞 04 79 33 42 47, 📠 04 79 85 71 39.

🏨 **Hotel du Lac,** Lepin le Lac,
📞 04 79 36 03 27. Direkt am kleinen See von Aiguebelette, 18 km westlich von Chambéry. Traumhafte Lage. Ⓢ

Ins obere Maurienne-Tal

Von Chambéry aus lohnt sich ein Ausflug ins obere *Maurienne-Tal* (120 km), das zu den landschaftlich reizvollsten Flecken der französischen Alpen gezählt wird. War die Strecke über den Iseran-Paß lange Zeit der vielbefahrene wichtigste Übergang ins Piemont, so ist seit der Öffnung des Tunnels bei Fréjus hier wieder Ruhe eingekehrt. Bemerkenswert sind die kleinen Bergkirchen am Wege, wie die von **Aussois** oder **Bramans,** deren unscheinbares Äußeres im Kontrast zu der Barockausstattung im Inneren steht. Die Sakralbauten wurden im Zuge der Gegenreformation besonders reich ausgestattet. Zwischen den einzelnen Gemeinden brach hinsichtlich der Ausstattung der Kirchen ein regelrechter Wettbewerb aus. So manche Überraschung erwartet die Besucher zwischen dem schon nahe der Grenze zu Italien gelegenen Ort Modane und dem Iseran-Paß. Da ist z. B. die Kirche von **Avrieux:** schlichter Glockenturm und blätternder Putz

1

Seite
55

ROUTEN 1 UND 2

0   30 km

N

außen, Gold und sinnliche Barockkunst innen. Das Altarbild stellt Szenen aus dem Leben von Thomas Becket, dem Schutzpatron des Ortes, dar.

Der Erzbischof von Canterbury wurde auf Befehl des englischen Königs Heinrich II. ermordet, da er sich im 12. Jh. unerbitterlich der Wiedereinführung königlicher Vorrechte im kirchlichen Bereich widersetzt hatte. Auf seiner Flucht vor einer drohenden Inhaftierung kam er durch Avrieux.

In *Grenoble (151 000 Einw.) erreicht man die Route Napoléon. Schon im 12. Jh. wurde in der von Gebirgsmassiven umgebenen Hauptstadt der Dauphiné eine Universität gegründet. 1968 rückte Grenoble als Austragungsort der Olympischen Winterspiele in das Blickfeld der Weltöffentlichkeit.

Das 457 m über Grenoble thronende *Fort de la Bastille* ist mit einer Seilbahn zu erreichen. Zwischen der *Place Victor-Hugo* und der *Place Grenette* herrscht buntes Stadtleben. Cafés, und Restaurants verleihen dem zuletzt genannten Platz südländische Atmosphäre. In der Altstadt fällt das *Palais de Justice* mit seiner gotischen Kapelle und den Renaissanceflügeln ins Auge. Es wurde unter Charles VIII errichtet und später im Stil der Renaissance erweitert. Die Decke der Chorkapelle ist prachtvoll ausgemalt.

Im *Musée de la Peinture et de la Sculpture* an der Place Lavalette hängen Gemälde von Corot, Renoir, Boudin, Monet, Picasso, Matisse. Das *Musée Stendhal* (20, Grande Rue) zeigt Bilder, Porträts und viele Erinnerungsstücke des 1783 in Grenoble geborenen Schriftstellers. Sehenswert auch die Kirche *St-Laurent, deren Krypta aus der Merowingerzeit sie als eine der ältesten Frankreichs ausweist.

❶ Office de Tourisme, 14, rue de la République, F-38000 Grenoble, ☎ 04 76 42 41 41, ☒ 04 76 51 28 69.

Ⓗ Park Hotel, 10, pl. Paul-Mistral, ☎ 04 76 85 81 23, ☒ 04 76 46 49 88.

Sehr komfortables Haus am Botanischen Garten. Ⓢ❱❱

La Mure weiter südlich war Endstation einer 30 km langen Eisenbahnstrecke, auf der Kohle aus den umliegenden Bergwerken transportiert werden sollte. Heute startet von dort ein Touristenbummelzug zu einer Fahrt durch zahlreiche Tunnels und über Viadukte mit großartiger Aussicht auf das Tal des Drac.

Abseits der Route kommt man in das Örtchen *Le Désert*. Es bietet sich als Ausgangspunkt für die Wanderungen durch den Parc National des Ecrins an. Auf dem Gebiet des 1973 gegründeten Nationalparks liegen im Schatten des höchsten Gipfels der Dauphiné, La Meije (3983 m), 61 Gemeinden.

Gap (32 000 Einw.) ist eine Stadt der Messen und Märkte. Napoleon hat hier Station gemacht und in der Rue de France Nr. 17 übernachtet. Im *Musée Départemental* ist neben archäologischen Fundstücken das exklusive Mausoleum des Grafen von Lesdiguières – von Jean und Jacob Richier 1604 in schwarzem Marmor ausgeführt – zu sehen.

Sisteron (6500 Einw.), das von einer Festung überragte Städtchen, liegt an der Grenze zwischen Dauphiné und Provence. Hier verengt sich das Flußtal der Durance am Fuß der jäh aufragenden Steilwand des *Rocher de la Baume*.

Die *Zitadelle*, von der nur noch fünf Türme übrig sind, geht ins 12. Jh. zurück. Das Stadtbild verlockt zu einem Bummel durch die engen Straßen und Treppendurchgänge.

Digne (16 000 Einw.), Hauptstadt der Département Alpes-de-Haute-Provence, ist umgeben von zerklüftetem Kalkgebirge. Die Häuser der belebten Altstadt drängen sich um die *Cathédrale St-Jérôme* aus dem 15. und 17. Jh. Ein romanisches Rundbogenportal ziert die Kirche *Notre-Dame-du-Bourg* (12./13. Jh.). Unterhalb der Felswand von *St-Pancrace* sprudelt die warme

1

Seite 55

Quelle, die Digne zum Titel eines Thermalkurorts verhalf.

Castellane, unterhalb einer Steilwand gelegen, ist Ausgangspunkt für Kajak-, Wander- oder Autotouren in die atemberaubenden ****Gorges du Verdon.** Zwischen Rougon und Aiguines hat sich der Fluß bis zu 700 m tief in die weichen Kalkfelsen eingegraben. Im Norden folgt die *Route des Crêtes* dem Flußlauf am Rand des Plateaus. Einer der besten Aussichtspunkte liegt oberhalb des Zusammenflusses von Verdon und Baou. Auf der Südseite führt die Höhenstraße (Corniche Sublime) zu den *Balcons de la Mescla* mit ihrer grandiosen Aussicht in den *Canyon de l'Artuby.* Die Brücke über die Artuby-Schlucht hat immerhin eine Spannweite von 100 m. Am *Cirque de Vaumale* auf 1200 m Höhe reicht der Panoramablick bis zum See von Ste-Croix.

🏨🏨 **Hôtel Du Grand Canyon,** Falaise des Cavaliers (D 71), F-83630 Aiguines, ☎ 04 94 76 91 31. Das Haus klebt wie ein Adlerhorst über dem Verdon. Vom Restaurant aus Panoramablick. Ⓢ

In ****Grasse** (41 000 Einw.), 429 km, hat sich im 18. Jh. die Parfümindustrie entwickelt. Im *Musée de la Parfumerie* sind die unterschiedlichen Herstellungsverfahren dokumentiert. Fabriken wie Molinard (60, bd Victor-Hugo), Fragonard (20, bd Fragonard) oder Galimard (73, Route de Cannes) können besichtigt werden.

Die Gassen der Altstadt verdanken ihren Charme den hohen, schmalen Häusern, Arkaden geben der *Place aux Aires* ein besonderes Flair. In der *Villa Musée Fragonard* (23, bd Fragonard) werden einige Gemälde des für seine zarte Farbigkeit und skizzenhafte Pinselführung bekannten Malers Jean Honoré Fragonard gezeigt. Er wurde 1732 in Grasse geboren. Die ursprünglich frühgotische **Cathédrale Notre-Dame-du-Puy* ist mit einer Fußwaschung eines der seltenen religiösen Bilder Fragonards zu sehen.

In Grasse kann man dem Parfumier über die Schulter sehen

Parfüm

Den Aufstieg zu Weltruhm verdankt Grasse Katharina von Medici, die in Frankreich parfümierte Lederhandschuhe in Mode brachte. Die Gewinnung der Aromastoffe aus Blüten ist ein komplizierter Vorgang. Früher bediente man sich hauptsächlich der Destillation (die Pflanzen wurden in Wasser gekocht) und der *enfleurage,* bei der die Blüten auf mit Fett bestrichene Flächen gestreut wurden, wodurch dieses die Duftstoffe aufnahm. Durch Lösung in Alkohol wurde dann das absolute Blütenöl gewonnen. Seit Ende des 19. Jhs. nutzt man einfachere Verfahren, bei denen die Pflanzen mit Wachs und anschließend mit Lösungsmitteln in Verbindung gebracht werden. Das Wachs wird mit Alkohol ausgewaschen, und übrig bleibt wiederum das reine Blütenöl. Der Großteil dieser Produkte wird in Grasse lediglich noch fixiert, zu Parfüm weiterverarbeitet werden sie meistens in Paris – nach streng gehüteten Geheimrezepten versteht sich. Und wer sich von den freundlichen Parfümerieangestellten in Grasse einmal erklären ließ, wieviel Tonnen Blüten zur Herstellung einer geringen Menge Öl nötig sind, der wird sich in Zukunft weniger über die Parfümpreise wundern!

In **Juan-les-Pins** ging Napoleon 1815 bei seiner Rückkehr von Elba an Land und begann seinen riskanten, aber erfolgreichen Marsch nach Paris. Im 19. Jh. entdeckte der englische Lord Brougham rein zufällig auf seiner Durchreise nach Nizza das damalige Fischerdorf *Cannes (69 000 Einw.) als idealen Platz, um dem naßkalten Winter in seiner Heimat zu entgehen.

Während der Belle Époque kam der Ort in Mode. Der von Palmen gesäumte **Boulevard de la Croisette** wurde 1868 angelegt. Beherrschendes Monumentalbauwerk an einen Ende ist das 1982 eröffnete *Palais des Festivals et des Congrès*, in dem alljährlich im Mai die Filmstars, Produzenten und alle anderen, die sich in der Branche für wichtig halten, internationalen Medienrummel verursachen.

In der Altstadt bietet sich von der *Tour du Suquet*, einem alten Wachturm, ein ganz toller Blick über die Stadt vor der Kulisse des Meeres. Die schöne romanische Kirche *Notre-Dame-de-l'Espérance* stammt aus dem 12. Jh. und wurde erst 1648 vollendet: provenzalische Gotik mit beachtenswertem Chorraum und vergoldeten Statuen.

Von Cannes lohnen sich Ausflüge zu den vorgelagerten **Iles de Lérins:** Auf der *Ile Ste-Marguérite* gründeten im 5. Jh. Mönche ein Kloster. Im Fort der Insel soll 1667 der „Mann mit der eisernen Maske", vielleicht ein Zwillingsbruder von Louis XIV, gefangengehalten worden sein.

❶ Office de Tourisme, Esplanade Georges-Pompidou, F-06400 Cannes, ☎ 04 93 39 01 01, 🖷 04 93 99 37 06.

🏠 **Beau Séjour,** 5, rue des Fauvettes, ☎ 04 93 39 63 00. Das modern eingerichtete Haus, unweit des alten Hafenbeckens gelegen, besitzt einen Garten mit Schwimmbad. Ⓢ

🍴 **La Poêle d'Or,** 23, rue des Etats-Unis, ☎ 04 93 39 77 65. Gehobene Kochkunst mit Produkten der Saison. Ⓢ⟩⟩

Route 2

Künstler, Stars und Reiche: Treffpunkt Côte d'Azur

*Menton – Monaco – St-Paul-de-Vence – *St-Tropez – Cassis (320 km)

Sonne, Palmen, gepflegte Uferpromenaden am azurblauen Meer und über allem ein Hauch von Luxus – so kann sie sein, die Côte d'Azur. Allerdings nicht überall und schon gar nicht in der Hauptsaison, wenn auf den Boulevards Stoßstange an Stoßstange stößt und sich im ehemaligen Ferienparadies des europäischen Hoch- und Geldadels der Tourismus unserer Tage trifft, denn schließlich gehört die „Côte" immer noch zu den beliebten Urlaubszielen in- und ausländischer Gäste. Dementsprechend ist der Glanz verblichen, die Küste wird verbaut, aber billig ist die Côte deshalb noch lange nicht. Doch genug des Lästerns: Wo bieten sich denn so phantastische Ausblicke auf eine zerklüftete Steilküste? Wo warten über 80 Museen auf neugierige Besucher? Wo tauchen die Blüten einer üppigen Vegetation die Landschaft in einen wahren Farbenrausch? An der Côte d'Azur. Drei Tage Zeit sollte man sich auch ohne weitere Abstecher ins Hinterland wohl mindestens für diese Route nehmen.

*Menton (25 000 Einw.) verdankt der windgeschützten Lage vor den Bergen sein ganz mildes Klima. Alljährlich wird im Februar das Zitronenfest gefeiert. Zu dem Volksfest mit Umzügen reisen viele Schaulustige an. Die Altstadt mit ihren ockerfarbenen Fassaden und den Wäscheleinen an den Fenstern läßt an das nahe Italien denken. Erst Napoléon III erwarb 1860 vom damaligen Prinzen von Monaco dessen Liegenschaften in Roquebrune und Menton. Die Aussicht vom alten Friedhof, der sich an der Stelle der ehemaligen Grimaldiburg in Menton befindet, ist herrlich.

Die Kirche *St-Michel* aus dem 17. Jh. wurde mit barockem Stuckdekor und einem Marmoraltar ausgestattet. Antoine Ier von Monaco ließ das *Palais Carnolès* als seine Sommerresidenz erbauen. Heute werden die Kunstsammlungen der Rothschilds und Wakefield-Mori mit Gemälden französischer, flämischer, englischer und spanischer Künstler gezeigt.

In den gemütlichen Altstadt-gassen von Grasse

2

Seite 55

Jean Cocteau, Ehrenbürger der Stadt, hat nicht nur das Standesamt im Rathaus ausgestattet, sondern auch die Ausstellungsräume, die seinem Werk gewidmet sind, noch eigenhändig eingerichtet: Das *Musée Jean-Cocteau* ist in einer kleinen Festung an der Uferstraße untergebracht.

Im Fürstentum **Monaco** herrscht seit langem drangvolle Enge. Es ist nur 1,6 km² groß, und das ist schließlich nicht viel für rund 30 000 Einwohner und die Millionen von Touristen, die alljährlich über den Zwergstaat hereinbrechen. Seit dem vorigen Jahrhundert verfügt Monaco über eine besondere Attraktion. Damals übernahm François Blanc als Geschäftsführer das Spielkasino und verhalf ihm zu Ruhm. Und sie kamen alle: vom russischen Geburtsbis zum amerikanischen Geldadel, gefolgt vom Urlauber mit eigenem Appartement bis zum Pauschalreisenden, Sternchen und Stars.

Menton ist berühmt für seine geschützte Lage

Die Gründung Monacos ist dem Stadtstaat Genua zu verdanken, der den Fels durch Foulque de Castello 1215 befestigen ließ. Die Familie Grimaldi bemächtigte sich 1297 des Felsens: Ihre Soldaten überrumpelten, als Mönche verkleidet, die Garnison. Wegen der fehlenden Straßenverbindung nach Nizza blieb Monaco bis 1868 ziemlich isoliert.

Monaco: eine der Hauptattraktionen ist das Fürstenschloß

2

Seite
55

Hochhäuser – der Platzmangel erlaubt keine andere Architektur– prägen das Bild der Stadt **Monte Carlo**. Darüber erhebt sich die Altstadt auf dem Grimaldifelsen mit dem fürstlichen Schloß und dem Paradeplatz. Einige Prunksäle im *Palais du Prince*, dessen Renaissancefassade im 16. Jh. entstand, können besichtigt werden. Sehenswert ist das *Musée Napoléon* mit dem Palastarchiv mit Kleidern, Hüten, Fahnen und Orden des Kaisers. Zu den Touristenattraktionen gehört die Wachablösung vor dem Schloß (tgl. 11.55 Uhr).

Rund um das *Casino* aus dem 19. Jh. verlocken die eleganten Geschäftsstraßen mit schicken Läden und renommierten Hotels zum Bummel. Den Bau der Kuppel über dem Hauptpavillon des mehrfach umgebauten Kasinos hat der Architekt der alten Pariser Oper, Charles Garnier, konzipiert.

Das *Musée Océanographique* verfügt über eine ausgezeichnete wissenschaftliche Forschungsabteilung. Gegründet wurde es 1906 von Fürst Albert Ier, einem anerkannten Meeresbiologen.

Zwischen Nizza und Menton kann man auf drei verschiedenen Höhen entlang der Küste fahren: über die *Grande, Moyenne* und *Petite Corniche*. Von diesen Küstenstraßen bieten die beiden oberen wirklich phantastische Aussichten, während die unterste, die Petite, fast ausschließlich durch dichtbebautes Gebiet verläuft.

Für Kunstinteressierte empfiehlt sich von Nizza (S. 50) aus ein Ausflug nach **St-Paul-de-Vence** (2900 Einw.), 47 km, nicht so sehr wegen des völlig vom Tourismus überrannten mittelalterlichen Dörfchens, sondern wegen des Tempels der zeitgenössischen Kunst, der **Fondation Maeght*. In dem modernen Bauwerk auf einem mit Pinien bestandenen Hügel sind Werke von Miró, Calder, Giacometti und Braque ausgestellt: Natur, Architektur und Kunst ergänzen einander. Über 6000 Werke des Galleristenehepaares Maeght wurden der Stiftung vermacht.

Ⓗ **Hôtel Bahia,** Petite Corniche, Pont-St-Jean, F-06230 Villefranche-sur-Mer, ☎ 04 93 01 32 32, 📠 04 93 01 29 77. Oberhalb der Bucht von Villefranche, Anlage umgeben von Palmen zwischen Nizza und Monaco. Sehr gepflegtes Ambiente. Ⓢ

An Markttagen herrscht besonders viel Rummel in der Altstadt von **Antibes** (70 000 Einw.) und der überdachten Halle an der Place Masséna. Im Schloß Grimaldi, direkt am Meer, lebte und arbeitete Picasso Mitte der 40er Jahre für einige Zeit. Eine Dokumentation über sein Leben und zahlreiche Werke sind im bedeutenden *Picasso-Museum* zu sehen. Im Garten stehen einige Skulpturen.

Der Ort **St-Raphaël** liegt auf den Vorbergen des Estérel-Gebirges mit Blick auf den Golf von Fréjus. Megalithen, u. a. der Menhir von Aire Peyronne, zeugen von alter Besiedlung. *St-Pierre* besteht aus drei übereinanderliegenden Gebäuden. Als man etwa um 1150 diese Kirche errichtete, wurden auch Reste römischer Bauwerke verwendet. Mit diesen Spolien hat sich das Dionysossymbol in Form eines geflügelten Phallus ins Chorgewölbe verirrt.

***St-Tropez** (5700 Einw.), 162 km, lebt vom Ruhm für kurze Zeit internationaler Treffpunkt des Jet-sets gewesen zu sein. Bevor in den 50er Jahren der Regisseur Vadim und sein Star Brigitte Bardot das Fischerörtchen aus dem Dornröschenschlaf erweckten, hatten Schriftsteller wie Boris Vian und andere Intellektuelle des Existentialismus seine Verschwiegenheit gelobt.

In den schmalen Gassen hinter der Hafenpromenade drängen sich im Sommer die Touristen. Scheinbar davon unberührt, spielen die Einheimischen seit eh und je Pétanque auf der *Place des Lices*. Das *Musée de l'Annonciade* ist in einer ehemaligen Kapelle untergebracht. Es besitzt einige der bekanntesten Bilder der klassischen Moderne aus dem 19. Jh.

ℹ Office de Tourisme, Quai Jean-Jaurès, F-83990 St-Tropez,
☏ 04 94 97 45 21, 📠 04 94 97 82 66.

🏨 **La Ponche,** ☏ 04 94 97 02 53.
Elegant eingerichtetes Hotel in der Altstadt. Ⓢ⟫

Vor dem **Massif des Maures** führt die Küstenstraße *Corniche d'Estérel* in vielen Kurven nach **Hyères,** einem modernen Badeort. Die vorgelagerte Halbinsel von *Giens* ist wegen der dort herrschenden Windverhältnisse ein beliebter Treffpunkt der Windsurfer. Die vorgelagerten Inselchen *Porquerolles, Port Cros* und *Ile du Levant* stehen z.T. unter Naturschutz, sind autofrei und haben sehr schöne Strände. Auf der Ile du Levant gibt es ein FKK-Gebiet.

Toulon (167 000 Einw.) ist der größte Militärhafen des Landes. Im Stadtzentrum sind die *Place de la Liberté* mit ihren Platanen und das *Musée Naval* (Place Monenergue) mit Schiffsmodellen und Galionsfiguren sehenswert.

Das Dorf **Sanary-sur-Mer** wurde als Exilort für deutsche Schriftsteller in den 30er Jahren bekannt. Inzwischen ist Sanary ein ruhiger Ferienort für Familien.

🏨 🏨 **Hostellerie Bérard,** F 83740 La Cadière, ☏ 04 94 90 11 43. Hotel inmitten eines provenzalischen Dorfes. Drum herum die Weinberge von Bandol, die Strände sind rund 7 km entfernt. Das Haus verfügt über ein Schwimmbad und eine ausgezeichnete Küche, Terrassenrestaurant. Ⓢ⟫

In den **Calanques,** den Minifjorden bei Cassis, ist das Wasser besonders klar. Einige dieser Buchten, die steile Felswände flankieren, eignen sich zum Baden; viele sind aber nur mit dem Boot erreichbar. **Cassis** selbst hat einen kleinen Hafen, in dem die Fischerboote durch Jachten ersetzt wurden. Kleine Restaurants reihen sich um das Hafenbecken, dahinter erstreckt sich die verwinkelte Altstadt, die während der Saison und an Wochenenden aus allen Nähten zu platzen scheint.

Abendstimmung in Cassis

In der verwinkelten Oberstadt von Hyères

2

Seite **55**

Exil in Sanary

Nach Hitlers Machtergreifung gingen eine Reihe deutscher Literaten nach Frankreich ins Exil, u. a. auch in das Fischerstädtchen Sanary-sur-Mer. Hier fanden u.a. Bert Brecht, Arnold Zweig und Ernst Toller zeitweise Zuflucht. Die Bewohner Sanarys registrierten zwar die Anwesenheit der Fremden, ignorierten jedoch deren Bedeutung als Künstler. Als der Zweite Weltkrieg begann, sahen viele in den Flüchtlingen deutsche Feinde. Lion Feuchtwanger z. B. wurde verhaftet, vier Monate lang interniert und mußte schließlich auch aus Frankreich fliehen. Wie so manch anderer Autor wurde er in den USA aufgenommen. In seinen Erinnerungen „Der Teufel in Frankreich" notierte er, wie sehr er sich mit seinem ganzen Wesen der südfranzösischen Landschaft verbunden gefühlt hatte.

Route 3

Gemächlich dem Süden entgegen

**Lyon – **Vienne – **Vaison-la-Romaine – *Cavaillon – **Orange – **Avignon (316 km)

Man kann auf der Autobahn in den Midi fahren, oder den langsamen Übergang von Nord- nach Südfrankreich genießen, die Nuancen auskostend. Nach und nach verändern sich die Häuser, anstelle des Kälteschutzes tritt die Vorsicht vor sengender Sonne, geschlossene Haustüren weichen flatternden Vorhängen aus bunten Schnüren. Obstplantagen, Oliven und Zypressen ersetzen die Wälder, Platanen spenden Schatten auf heimeligen Plätzen. Auf den Märkten rund um plätschernde Brunnen erfüllt ein Duft von Rosmarin und Lavendel die Luft. Über die alte Römerstadt Vienne nähert man sich so parallel zur Rhône-Tal-Autobahn der Provence, die man mit Grignan und Noyons in einem Tag erreichen kann. Dann erübrigen sich Zeitangaben – ein Aufenthalt in der Provence kann bekanntlich nie lange genug sein.

**Lyon (S. 28) muß man dank des großräumig angelegten Autobahnrings nicht mehr durchqueren. An die Bedeutung von **Vienne (30 000 Einw.) in der Römerzeit erinnern noch die Reste des **Tempels des Augustus und der Livia. Korinthische Säulen verleihen ihm Eleganz. Im antiken Theater, das einst bis zu 14 000 Zuschauer faßte, finden heute wieder Aufführungen statt. Auch Zeugnisse der christlichen Religion sind in dieser Stadt zahlreich. In die Kirche *St-Pierre, sie geht auf das 4. und 6. Jh. zurück, ist das Musée Lapidaire mit römischen und früh-

christlichen Werken wie Mosaiken und Sarkophagen eingezogen. Die ursprünglich romanische Kathedral *Saint-Maurice wurde im gotischen Stil umgestaltet. Der Sakralbau erhielt Kreuzrippen und einen Obergaden. Der Skulpturenschmuck der gotischen Westfassade zeigt Szenen aus dem Alten Testament.

Im Gebiet des Galaure-Tals und der sanften, von Pappeln bestandenen Hügel trug Anfang des 20. Jhs. der Briefträger Ferdinand Cheval die Post aus. Dabei sammelte er Steine, die er in mühevoller Arbeit zu einem Phantasiegebäude aufmauerte: Sein Palais Idéal zeigt Stilelemente aus allen Teilen der Welt. Sein Traum aus Stein ist nebst seinem Grab im gleichen Stil noch in **Hauterives** zu besichtigen.

🏠 **Le Relais,** F-26390 Hauterives, ☎ 04 75 68 81 12, 🖷 04 75 68 92 42. Einfaches Hotel an der Hauptstraße. ⑤

In **Romans,** nicht weit von den bekannten Weinlagen Tain-l'Hermitage entfernt, hat die Schuhindustrie Tradition. Im Musée Internationale de la Chaussure (2, rue Ste-Marie) ist die Entwicklung des Schuhs von der Antike bis zur Gegenwart dokumentiert.

Seit 1429 wacht ein Glockenturm mit dem Jaquemart, einer Automatenfigur, über die Stadt und verkündet den Bürgern per Hammerschlag, was die Stunde geschlagen hat.

Die nahe Kleinstadt **Crest** hat einen stummen Wächter: Seit 800 Jahren thront der kantige, stolze, 52 m hohe Bergfried über den Ufern des Flusses Drôme. In den Sommermonaten werden dort Schauspiele aufgeführt und Ausstellungen gezeigt.

Weithin sichtbar dominiert die Renaissancefassade seines Schlosses den Ort **Grignan.** Dort weilte im 17. Jh. mit Vorliebe die Schwiegermutter des Grafen von Grignan, Madame de Sévigné. In ihrem umfangreichen Schriftwechsel (v. a. mit ihrer Tochter) gab sie sehr treffende Beschreibungen des Lebens ihrer berühmten Zeitgenossen. Nach ihrem Tod im Alter von 69 Jahren wurde sie in der Schloßkapelle beigesetzt. Die Wohnräume der Madame de Sévigné mit Erinnerungsstücken sind zu besichtigen.

🏠 **Manoir de la Roseraie,** Route de Valreas, F-26230 Grignan, ☎ 04 75 46 58 15, 📠 04 75 46 91 55. Park und Rosengarten. ⑤⟩⟩

In der Gegend von **Nyons** wird die Tanche-Olive geerntet, eine kälteresistente Sorte, die hauptsächlich in Form von Öl auf den Tisch kommt. Das Produkt aus Nyons darf sich auf dem Etikett werbewirksam mit einem Hinweis darauf schmücken, daß hier dieses wichtige Lebensmittel erstmals gepreßt wurde. Jedes Jahr im Februar wird das Olivenfest gefeiert und das erste frisch gepreßte Öl auf Knoblauchbrot genossen. Einem alten Glauben zufolge soll es vor Krankheiten schützen.

****Vaison-la-Romaine** (6000 Einw.), 207 km, war ein keltisches Oppidum, bis die Römer aus ihm die reichste Stadt der Provinz *Gallia Narbonensis* machten. Unter den zahlreichen Ausgrabungen im * *Quartier du Puymin* befindet sich die Maison des Messii, das Haus einer reichen Familie mit Küche, Bad und drei Sälen.

Im selben Viertel stehen der *Porticus Pompeius,* ein Nymphäum, Reste eines Amphitheaters und das archäologische Museum mit Statuen des Kaisers Hadrian und der Kaiserin Sabina sowie der Silberbüste eines unbekannten aber wohl bedeutenden Bürgers. Einige weitere Häuserreste sind im *Quartier de la Vilasse* zu sehen, manche sogar mit Toiletten und Bad. In der ehemaligen * *Cathédrale Notre-Dame* lohnen u. a. die Grablegen aus dem 15. Jh. einen Besuch. Der Hauptaltar aus Marmor stammt noch aus vorromanischer Zeit. In der Oberstadt aus dem 14. Jh. spaziert man durch verwinkelte Gassen:

Lyon am Zusammenfluß von Saône und Rhône

3

Seite **65**

In der Kathedrale Notre-Dame im kleinen Vaison-la-Romaine

In Fontaine-de-Vaucluse entspringt die Sorgue

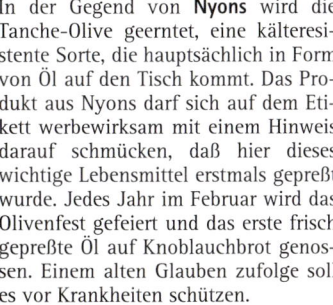

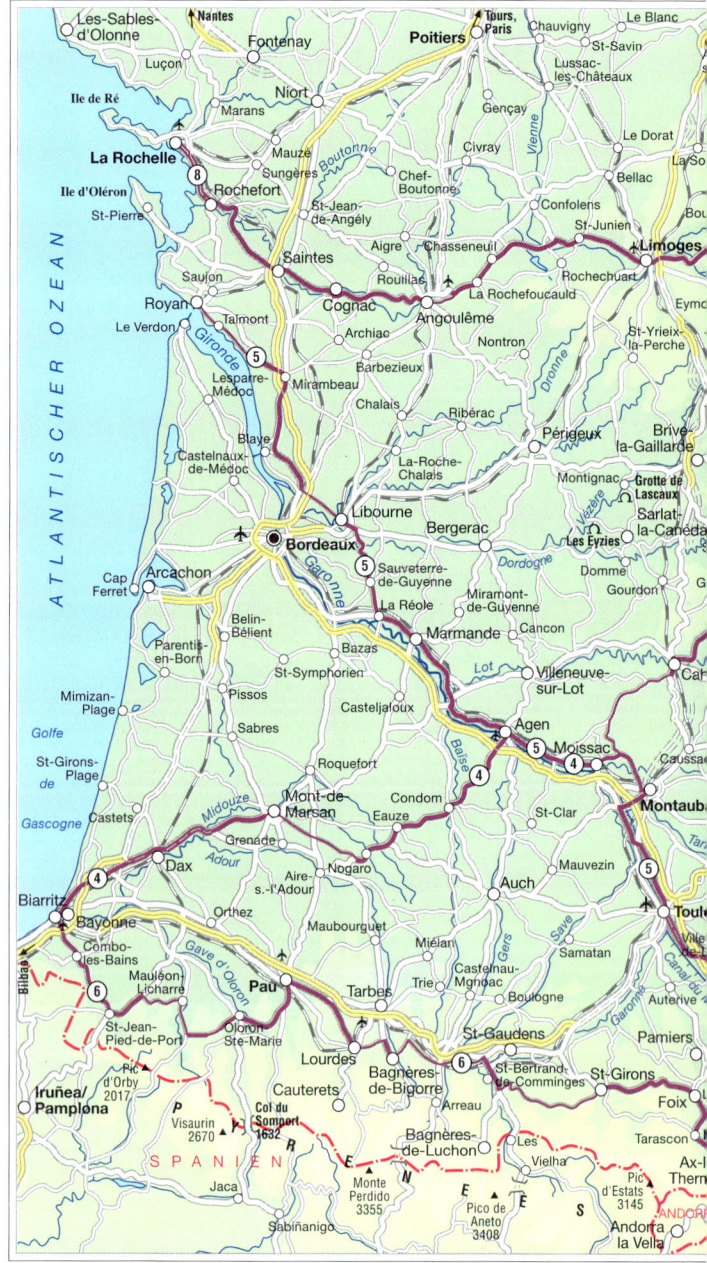

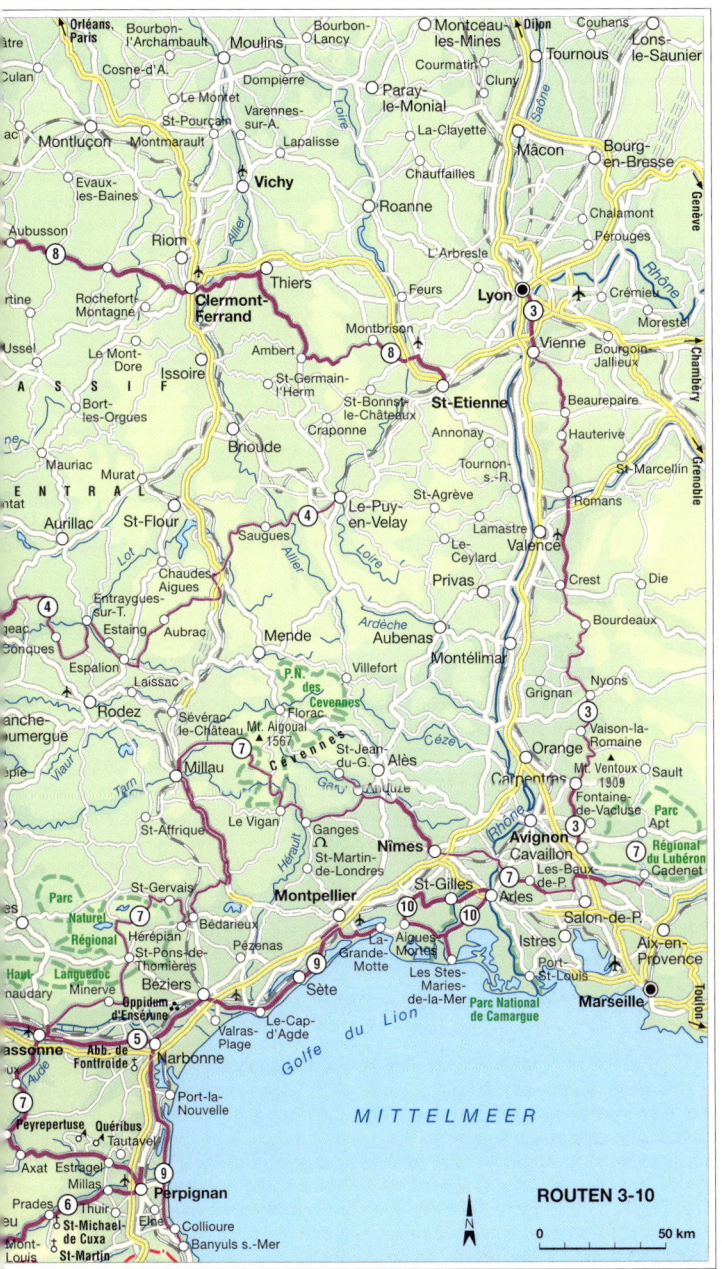

ROUTEN 3-10

0   50 km

Rue de l'Horloge mit dem Stadttor, *Rue de l'Eglise, Rue de l'Evêché.* Die mittelalterliche Burg ist über einen etwas mühsamen Pfad zu erreichen. Die Grafen von Toulouse ließen sie im 12. Jh. erbauen.

Von hier reicht die Aussicht auf das Tal der Ouvèze, die Landschaft der Baronnies und den **Mont Ventoux.** Spätestens ab Malaucène ist der 1909 m hohe Berg, dessen Name von „vent" für Wind abgeleitet ist, nicht mehr zu übersehen. Nach der Überlieferung wurde der Gipfel zum ersten Mal von Petrarca bestiegen. Der Temperaturunterschied vom Fuß des Berges bis oben beträgt im Sommer manchmal bis zu 11° C. Deshalb findet man unter dem Gipfel eine polare Flora, wie z. B. eine Steinbrechart, die in Spitzbergen vorkommt, oder den Islandmohn. Kahl ist der Ventoux schon seit dem 16. Jh., als er für die Schiffswerften von Toulon abgeholzt wurde. Inzwischen wird wieder mit Aleppokiefern, Grüneichen, Zedern und Buchen aufgeforstet. Der Gipfel ist mit dem Wagen zu erreichen.

In **Fontaine-de-Vaucluse** besaß der Dichterfürst Petraca (der den Ort wegen seiner Ruhe sehr schätzte) ein Haus. Platanen stehen auf der *Place de la Colonne,* zur Erinnerung an Petrarca wurde ein Museum eingerichtet. Außerdem gibt es eine Papiermühle mit großem Wasserrad. Dort wird nach überlieferter Art Papier handgeschöpft.

Die Hauptattraktion ist ein riesiger Quelltopf: Am Ende des Tals unterhalb einer 200 m hohen Felswand sprudelt die Sorgue aus unergründlicher Tiefe. Selbst Cousteau gelang es nicht, bis auf den Grund der Quelle vorzustoßen!

Bei **Cavaillon** (24 000 Einw.) denkt man unwillkürlich an Melonen, sind die hier wachsenden Sorten doch in ganz Frankreich für ihr intensives Aroma bekannt. Sehenswert ist die romanische Kapelle *St-Jacques,* die auf einem Hügel inmitten eines Gartens mit Zypressen, Kiefern und Mandelbäumen liegt. Neben der Kirche steht eine klei-

ne Eremitage, die vom 14. bis zum Anfang des 20. Jhs. bewohnt war. Am Fuß des Hügels wurde das römische Stadtgründungsmonument wieder aufgebaut, das sich einst bei der Kathedrale befand. *Notre-Dame-de-St-Véran* ist ein romanischer Bau, der immer wieder mit Seitenkapellen vergrößert wurde. Ein kleines Kloster schließt an die Kirche an. Der im Dunkeln liegende Innenraum birgt vergoldete Holzarbeiten aus dem 17. Jh. sowie ein Chorgestühl von 1585.

Die **Synagoge,** 1772 für die damals 200 Personen umfassende jüdische Gemeinde von Cavaillon gebaut, ist mit Holzarbeiten im Louis-XV-Stil ausgeschmückt. Das Erdgeschoß ist in einer ehemaligen Bäckerei das *Musée Judéo-Comtadin* eingezogen. Außer dem Backofen und der großen Marmorplatte zur Herstellung ungesäuerten Brotes sind Manuskripte, Bücher und Toraornamente aus der Zeit der ersten Synagoge im 14. Jh. zu sehen

Hôtel Toppin, 70, cours Gambetta, ☎ 04 90 71 30 42, ⬚ 04 90 71 91 94. Altes Haus mit traditioneller Einrichtung, Familienbetrieb, gutbürgerliche Küche. ⑤

Abstecher in Städte des Rhônetals sind sehr zu empfehlen. Sehenswert ist z. B. **Montélimar,** nicht nur wegen des hier hergestellten Nougats (S. 67). Im alten Stadtkern steht noch das Haus der Diane de Poitiers (2, rue Diane-de-Poitiers), der Geliebten von König Henri II.

Orange (28 000 Einw.), war eine bedeutende Stadt des Imperium Romanum, wovon der **Arc de Triomphe** zeugt. Sein Fries stellt die Überlegenheit Roms heraus, in Ketten gelegte Gallier zählen zu den Motiven. Das **Théâtre Antique** am Hügel von St-Eutrope überrascht durch die gut erhaltene, 36 m hohe Bühnenwand. Sie gewährleistet eine ausgezeichnete Akustik, die während der alljährlichen Festspielwochen im Juli den rund 8000 Zuschauern bis zum letzten Rang reinen Musikgenuß erlaubt. Die rekonstruierte Statue des Kaisers Augustus grüßt aus einer hohen Nische. Obwohl heute die prachtvolle Verkleidung mit Säulen und Statuen aus Marmor fehlt, ist dies immer noch eines der beeindruckendsten 2000 Jahre alten römischen Bauwerke.

Die Blütezeit von **Avignon** (87 000 Einw.) begann mit dem Einzug der Päpste im 14. Jh. Das ***Palais des Papes*** gleicht einer Festung und ist ganzjährig zur Besichtigung freigegeben. Der Kunstsinn einiger Päpste zeigt sich nicht nur in den Privatgemächern, sondern z. B. auch in der *Chapelle St-Martial*, die Matteo Giovanetti mit seiner Malerei schmückte. Im August ist die Stadt Anziehungspunkt der internationalen Theaterwelt und der Papstpalast Kulisse für moderne Theaterstücke. Der *Pont Saint-Bénézet* war ursprünglich 900 m lang. Heute sind nur noch vier der 19 Brückenbogen erhalten, und getanzt wird auch nur noch selten „sur le Pont d'Avignon".

Der Arc de Triomphe in Orange ist das prächtigste Römertor in ganz Frankreich

3

Seite **65**

Blick auf den berühmten Pont St-Bénézet in Avignon

❶ Office de Tourisme, 41, cours Jean-Jaurès, F-84000 Avignon, ☎ 04 90 82 65 11, 📠 0490 82 95 03.

🏠 **La Magnaneraie,** 33, rue du Camp de Bataille, F-34001 Villeneuve-lès-Avignon, ☎ 04 90 25 11 11, 📠 04 90 25 46 37. Das sehr elegante Hotel liegt in einem Vorort. ⓢ))
De Blauvac, 11, rue de la Bancasse, ☎ 04 90 86 34 11, 📠 04 90 86 62 41. Unweit des Papstpalastes gelegen sind alle Zimmer im provenzalischen Stil eingerichtet. ⓢ

🏠 **Le Vernet,** 58, rue Joseph-Vernet, ☎ 04 90 86 64 53. Gepflegtes Restaurant in einem Bügerhaus aus dem 18. Jh., Gartenterrasse, regionale Spezialitäten. ⓢ

Nougat

Dem türkischen Honig verwandt ist die Spezialität von Montélimar an der Rhône. Die Zutaten bestehen aus Honig, Mandeln und Eiern. Über den Ursprung des Rezeptes ist nichts bekannt. Sicher ist nur, daß der Mandelbaum ab dem 16. Jh. durch Olivier de Serres, Agronom von Henri IV, in der Provence eingeführt wurde. Erwähnt wird die Süßigkeit erstmals 1701: Die Grafen von Burgund und Berry hatten Philipp von Anjou nach Spanien begleitet. Bei ihrer Rückreise durch das Rhône-Tal wurde ihnen ein Zentner Nougat geschenkt. In Montélimar gibt es zahlreiche Confiserien, in denen die Süßigkeit gekauft werden kann.

Route 4

Mittelalterliche Pilgerpfade

**Le Puy-en-Velay – **Conques – **Cahors – Bayonne (560 km)

Diese Route folgt dem alten Weg der Jakobspilger nach Santiago de Compostela durch den Südwesten Frankreichs. Noch heute zeugen Klöster und Kirchen, Brücken und Hospize von der „Infrastruktur" der Wallfahrt, die im Hohen Mittelalter eine Massenbewegung geworden war. Auf der Strecke von Le Puy-en-Velay am Rande der Auvergne bis nach Bayonne im Baskenland begegnet man einigen der bedeutendsten romanischen Kirchen des Landes, die teilweise mit hochrangigen Skulpturen aufwarten. Nicht minder reizvoll ist die Landschaft: Da sind die Vulkankegel der Auvergne, die rauhe Gegend des Aubrac, die lebensfrohen Dörfer im Armagnac oder die sattgrünen Hügel des Baskenlands. Vier Tage sollte man sich für diese Strecke Zeit lassen.

Schon von weitem fallen die drei Basaltkegel ins Auge, unter denen sich die Stadt ausbreitet: ****Le Puy-en-Velay** (26 000 Einw.), einer der Sammelpunkte auf dem Pilgerweg nach Santiago de Compostela, hatte vermutlich schon in der Frühgeschichte eine religiöse Bedeutung. Mit ihren sechs Kuppeln, die das Kirchenschiff überwölben, ist die ****Cathédrale Notre-Dame** mit Abstand das markanteste Bauwerk der Stadt. Der Schwarzen Madonna wegen, die auf dem marmornen Hochaltar steht, kommen seit dem 10. Jh. zahlreiche Wallfahrer hierher. Auf spitzer Felsnadel steht ****St-Michel-d'Aiguilhe** aus dem 10./11. Jh. Um den Gipfel des Rocher St-Michel zu erreichen, muß man 270 Stufen erklimmen. Der Eingang der Kirche, in der Einflüsse islamischer Architektur spürbar sind, ist mit drei Rundbogen im Tympanon ausgestattet. Bekannt ist die Stadt auch für ihre kunstvoll gefertigten Spitzen, die „Dentelles du Puy". Im ***Musée Crozatier** in der Rue A.-Martin sind einige kostbare Arbeiten ausgestellt.

❶ Office de Tourisme, 1, pl. Breuil, F-43000 Le Puy-en-Velay, ☎ 04 71 09 38 41, 🖷 04 71 05 22 62.

Ⓗ **Le Bristol**, 7, av. Foch, F-43000 Le Puy, ☎ 04 71 09 13 38, 🖷 04 71 09 51 70. Modern ausgestattetes Hotel mit einem kleinen, gemütlichen Innenhof. Ⓢ

Der **Aubrac** ist das südlichste Vulkanmassiv der Auvergne. Aufgrund der kahlen Weideflächen hat die Landschaft einen ganz eigenartigen Reiz. Das Dorf gleichen Namens bezeichnete Vicomte Alard von Flandern als Ort des Schreckens, denn in den damals noch vorhandenen Wäldern wurden Pilger oft überfallen. Der fromme Mann ließ nach der Rückkehr von Santiago de Compostela ein Hospiz und eine Kirche erbauen. Er sorgte dafür, daß Ordensbrüder und Soldaten die Versorgung und den Schutz der Pilger gewährleisteten. Der mächtige Viereckturm und eine romanische Kirche sind übriggeblieben. Auf den Weiden stehen noch einige *burons,* Behausungen jener Hirten, die den Sommer über auf den Hochweiden lebten. Der alte Brauch des Viehtriebs wird seit einigen Jahren wieder gepflegt und ist alljährlich am Sonntag nach dem 25. Mai Anlaß für ein Fest in Aubrac.

*Espalion (4900 Einw.) liegt am Lot. Malerisch ist der Blick über den Fluß, auf die Sandsteinbrücke, die Altstadt mit dem *Vieux Palais* aus der Renaissance und den Gerberhäusern mit den Holzbalkonen am Ufer. Eine originelle Sammlung beherbergt ein Nebengebäude der ehemaligen *Eglise St-Jean:* Im dortigen *Musée Joseph-Vaylet* sind Waffen, Möbel, Glas, Kultgegenstände,

darunter unzählige Weihwasserkessel und Töpferarbeiten zu sehen. Kleider aus verschiedenen Epochen sind im *Musée du Rouergue* im ehemaligen Stadtgefängnis ausgestellt.

Die romanische *Eglise de Perse* aus rotem Sandstein (11. Jh.) ist dem hl. Hilarian geweiht. Der Beichtvater Karls des Großen soll der Sage nach in Espalion von Sarazenen getötet worden sein.

Das zwischen Lot und Coussanne landschaftlich sehr reizvoll gelegene Städtchen **Estaing** bietet weitere schöne Fotomotive mit der gotischen Bogenbrücke und dem hoch aufragenden Schloß dahinter, das von Nonnen bewohnt wird.

4

Seite **65**

**Conques verdankt seinen Ruhm einem Diebstahl. Ein gewitzter Mönch hatte im 9. Jh. die Gebeine der hl. Fides aus Agen gestohlen und in die Abtei in der Ouche-Schlucht gebracht. Mit den Reliquien, denen bald eine Wundertätigkeit nachgesagt wurde, begann der Aufstieg des Ortes. Im 11. Jh. war er eine der wichtigsten Wallfahrtsstätten Frankreichs und ein Jahrhundert später eine bedeutende Station auf dem Jakobsweg. 1561 wurde der Kreuzgang durch Protestanten zerstört. Das Tympanon des Westportals der Kirche * *Ste-Foy* zeigt eine eindrucksvolle Darstellung des Jüngsten Gerichtes mit 124 Personen. Zum Klosterschatz gehören sehr schöne Goldschmiedearbeiten vom 9. bis 16. Jh., sowie Reliquiare aus der Karolingerzeit, die zum Teil in der Abtei hergestellt wurden.

❶ Office de Tourisme, pl. de l'Abbatiale, F-12320 Conques, ☎ 04 65 72 85 00, 📠 04 65 72 81 58.

🏠 Auberge du Pont Romain, ☎ 04 65 69 84 07. Familiäres Haus, die Küche bietet regionale Spezialitäten. **⑤**

Der Bau der Abteikirche *St-Sauveur* in **Figeac** (9500 Einw.) wurde in romanischer Zeit begonnen und während der Gotik fertiggestellt. Anziehungspunkt in der Altstadt ist das mittelalterliche Stadtpalais, das * *Oustal de la Mounedo,* die Wechselstube der Münzer. Im Stadtmuseum *Musée du Vieux Figeac* findet man ein Lapidarium mit Skulpturen, Gesteins- und Mineraliensammlungen. Das *Musée Champollion* in der ehemaligen Niederlassung der Templer ist dem gleichnamigen Ägyptologen und Entdecker der Hieroglyphenschrift gewidmet, der in Figeac geboren wurde.

In nächster Umgebung von ** **Cahors** (20 000 Einw.), wird ein schwerer Rotwein gekeltert. Die Stadt, die schon in römischer Zeit besiedelt war, liegt malerisch an einer Schleife des Lot auf einem Felsvorsprung. Handel und die von Papst Johannes XXII. 1332 gegründete Universität prägten das Leben der Stadt. Lombardische Kaufleute und Geldwechsler sorgten dafür, daß sie im 14. Jh. zu einem wichtigen Bankplatz wurde. Aus dieser Zeit stammt auch der Wehrbrücke *Pont Valentré,* deren Bau der Sage nach nur mit Hilfe des Teufels gelang. An der Kathedrale ** *St-Etienne* mit romanischen Bauelementen und dem Kloster wurde vom 11. bis ins 18. Jh. gearbeitet. Der reiche Kirchenschatz besteht aus Goldschmiedearbeiten, Bildteppichen, Reliquienschreinen und Wandmalereien.

Die Stadt besitzt einige außergewöhnlich schöne Patrizierhäuser. In der vornehmen * *Maison Roaldès* (Quai Champollion) wohnte Henri IV. Im *Musée du Vin* (35, rue de la Chantrerie) in der Altstadt kann man eine Menge über die Arbeitsabläufe beim Keltern der Cahorsweine erfahren. Jedes Jahr von November bis Februar finden Trüffelmärkte statt, viele Restaurants bieten dann köstliche Spezialitäten mit dem Edelpilz an.

❶ Office de Tourisme, Place Aristide-Briand, F-46000 Cahors, ☎ 04 65 35 09 56, 📠 04 65 23 98 66.

🏠 Château de Mercues, in Mercues bei Cahors, ☎ 04 65 20 00 01, 📠 04 65 20 05 72. Luxuriöses Schloßhotel über dem Tal des Lot. **⑤⑤**

🛏 **Le Rendez-Vous**, 46, rue Daurade,
☎ 04 65 22 65 10. Einfache Küche. $

Moissac (12 000 Einw.) war eine der bedeutenden Stationen auf dem langen Jakobsweg. Die erste Klostergründung geht ins 7. Jh. zurück. Die Abteikirche * St-Pierre wurde mehrmals zerstört und immer wieder aufgebaut. Auch Simon de Montfort, Heerführer der königlichen Truppen während der Albigenserkriege, machte vor dem Kloster nicht halt. Obwohl die Mönche treue Anhänger der katholischen Kirche waren, wurden sie ausgeraubt und die Gebäude in Brand gesetzt. Das erhaltene Südportal (12. Jh.), das das Jüngste Gericht zeigt, ist eines der Hauptwerke der romanischen Skulptur Europas. Beim Spaziergang durch den Arkadenkreuzgang entdeckt man Pfeilerreliefs und Kapitelle mit biblischen Szenen und pflanzlichen Ornamenten.

Arles: Vielfalt an Gewürzen

4

Seite
65

Auf nach Santiago!

Als Erkennungszeichen trugen sie die Jakobsmuschel, die Pilger, die sich auf den weiten und gefahrvollen Weg nach Santiago de Compostela in Galicien machten. Zogen sie nun los, um an einem heiligen Ort Gott näher zu sein, um Buße für ein Verbrechen zu tun, einem Bittgebet Nachdruck zu verleihen oder einfach nur um Not und Elend zu entfliehen – zurückgekehrt glaubten sie alle, dem Seelenheil ein Stück näher zu sein. Schließlich war der Weg beschwerlich und riskant, die Abwesenheit von zu Hause sehr lange. Wer sich selbst nicht auf dieses Unternehmen einlassen wollte, konnte sich durch Stiftungen für die Infrastruktur des *Pilgerwegs* Verdienste erringen: Die Strecke selbst mußte instandgehalten werden, Brücken mußten gebaut werden, die Pilger benötigten Herbergen und nebst aller geistlichen auch leibliche Nahrung. Von einem Hospiz ist überliefert, daß an manchen Tagen bis zu 5000 Brotlaibe an Arme und Pilger

verteilt wurden. Erst seit dem 14. Jh. verbreitete sich in der Oberschicht die Sitte, einen Stellvertreter auf die strapaziöse Reise zu schicken.

Durch Frankreich führten vier unterschiedliche Hauptstrecken, die von zahlreichen Nebenpfaden flankiert und verbunden wurden. Schließlich wollte man nicht nur irgendwie nach Santiago gelangen, sondern dabei so viele Wallfahrtsorte wie nur irgend möglich besuchen. Betrachtet man sich heute eine Liste der großen romanischen Kirchen Frankreichs, wird man feststellen, daß die meisten davon am Pilgerweg liegen.

Einen Reiseführer hatten die Pilger, die nicht nur in dieser Hinsicht die Vorgänger von Touristen waren, übrigens auch dabei: Den „Guide du pèlerin de St-Jacques", der um 1140 verfaßt wurde und die Pilger u. a. über die Heiligtümer, die einheimische Bevölkerung und zu vermeidende Gefahren informierte.

Einen Abstecher lohnt *Auch (86 km von Moissac), ein typisches Provinz- und Marktstädtchen inmitten der ländlichen Gascogne. Die Kathedrale *Ste-Marie, deren enorme Ausmaße mit einer Länge von über 100 m und einer Breite von 40 m außergewöhnlich sind, ist mit Buntglasfenstern aus der Renaissance ausgestattet. Das reich geschnitzte Chorgestühl aus dem 16. Jh. zeigt über 1000 Darstellungen und Figuren aus der Bibel.

In **Condom** (7700 Einw.), einer Kleinstadt an der Baise und wieder an der Hauptstrecke, warten zwei sehr unterschiedliche Attraktionen auf die Besucher: Da gibt es als erstes die Kathedrale *St-Pierre, die den gotischen Stil des Languedoc repräsentiert, und zahlreiche Armagnac-Kellereien.

In den ehemaligen Stallungen der Bischöfe wurde das *Musée de l'Armagnac* eingerichtet, das über Herstellung und Handel informiert.

⌂ **Les Trois Lys,** 38, rue Gambetta, F-32100 Condom, ☎ 05 62 28 33 33, 🖷 05 62 28 41 85. Zentral und ruhig gelegenes Hotel mit Hofterrasse und Schwimmbad. ⑤

Château de Ruffiac, F-47700 Casteljaloux (40 km nordwestl.), ☎ 05 53 93 18 63, 🖷 05 53 89 67 93. Ein kleines, besonders hübsches Schloßhotel im Gebiet von Armagnac. ⑤

⌂ ⌂ **Auberge du Bergerayre,** F-32110 St-Martin-d'Armagnac (bei Nogaro), ☎ 05 62 09 08 72. Mme Sarran versorgt ihre Gäste auf dem Bauernhof mit sehr komfortablen Zimmern und kocht persönlich. ⑤

Über die alte Brücke von **Orthez** (Abstecher von Mont-de-Marsan, 54 km), zogen einst die Scharen der Pilger auf dem Weg nach Santiago de Compostela. Während der Religionskriege war der „Brückensprung von Orthez" berüchtigt, denn als protestantische Truppen die Stadt einnahmen, stürzten die Soldaten Priester und Mönche ins

Wasser. Über den Dächern der Stadt wacht als Rest einer Burg der fünfeckige Moncade-Turm. Brücke und Turm stammen aus dem 13. Jh. Viele Bewohner traten zum Protestantismus über, geduldet und gefördert von Jeanne d'Albret, der Mutter von Henri IV. Ihr Steinhaus mit Taubenturm ist noch zu sehen, außerdem einige Patrizierhäuser in der *Rue Moncade.*

Bayonne (40 000 Einw.), 560 km, baskisch „Ibaiouna", am Zusammenfluß von Nive und Adour war ein ähnlich wichtiger Hafen wie Bordeaux, und seine Seeleute und Schiffsbauer hatten einen guten Ruf. Die Nive trennt die Altstadt mit ihrer gotischen Kathedrale *Ste-Marie und der alten Burg von der weiter südlich gelegenen Neustadt Petit Bayonne. Die Kathedrale wurde Anfang des 13. Jhs. auf den Fundamenten eines römischen Tempels errichtet. Auch sie war eine der wichtigen Pilgerstationen. Ein Bronzering am nördlichen Portal sollte die Verfolgten schützen, denn wer ihn berührte, stand unter dem Schutz Gottes. Die Figurengruppe im Tympanon des Südportals stellt Szenen des Jüngsten Gerichts dar. Die Stadt war übrigens Namensgeberin für eine Waffe: Schmiede aus Bayonne haben im 17. Jh. das gefürchtete Bajonett erfunden, das der baskischen Stockwaffe ähnelt.

Das *Musée Basque* wird zur Zeit umgebaut, die Wiedereröffnung der überaus interessanten volkskundlichen Sammlung ist für 1997 geplant.

Schokolade spielte in Bayonne seit Beginn der Einfuhr der Kakaobohne eine wichtige Rolle. Schon 1661 wurde die „jurande des Chocolatiers" gegründet, eine Handelskommission, die über die Qualität der Schokolade wachte. Der Bayonner Schinken kommt übrigens aus dem Hinterland, vorwiegend aus Salies de Bearn, und verdankt seine Bezeichnung dem Verschiffungsort.

❶ Office de Tourisme, Pl. des Basques, F-64100 Bayonne, ☎ 05 59 46 01 46, 🖷 05 59 59 37 55.

Route 5

Handel und Wandel im Land der Bastiden

*Narbonne – **Carcassonne – Montauban – *Royan (520 km)

Drei Wasserwege verbinden das Mittelmeer mit dem Atlantik: die Aude, der Canal du Midi und die Garonne, die zusammen mit der Dordogne den Mündungsfluß Gironde bildet. Entlang einem Handelsweg konnten bedeutende Städte entstehen, die bis heute wie schöne Schwestern miteinander konkurrieren. Eine von Spannungen geprägte Geschichte und unterschiedliche Klima- und Vegetationszonen sowie Landschaftstypen zwischen Mittelmeer und Atlantik geben diesem Landstrich einige überraschende Aspekte. Bezieht man Toulouse und Bordeaux in die Route ein, sollte man mindestens fünf Tage veranschlagen.

Nach *Narbonne (46 000 Einw.) wurde zur Zeit der Römer die gesamte Provinz Gallia Narbonensis genannt. Weinbau, Fischerei, ein fruchtbares Hinterland sowie die verkehrsgünstige Lage ließen von jeher den Handel blühen.

Von der gotischen **Cathédrale St-Just, 1272 nach den Plänen von Jean Deschamps begonnen, wurde nur der Chor fertig. Als einer der höchsten des Landes birgt er u. a. meisterhafte restaurierte Glasfenster (14.–16. Jh.). Massive Strebepfeiler vermitteln den Eindruck erhabener Größe. Im *Palais des Archevêques, dem ehemaligen Palast des Erzbischofs ist heute das Musée Archéologique mit Fundstücken aus der Römerzeit untergebracht.

🏠 Hôtel du Midi, 4, av. de Toulouse, ☎ 04 68 41 04 62, 📠 04 68 42 45 87. Hotel mit guter Küche. Ⓢ

Himmelstürmende Gotik: die Kathedrale von Narbonne

Seite 65

Idylle am Kanal von Narbonne

Mächtige Türme beherrschen die Fassade des Erzbischofspalastes in Narbonne

Ⓗ **Le Réverbère,** 4, pl. des Jacobins, ☎ 04 68 32 29 18. Sehr gepflegtes Ambiente, mediterrane Küche mit Fischspezialitäten. Ⓢ⟩⟩

Die ****Abbaye de Fontfroide** liegt etwas abseits der Route. Sie wurde 1093 gegründet und gut 50 Jahre später von den Zisterziensern übernommen. Der Orden, der rasch an Einfluß gewann, bekämpfte mit Vehemenz die Katharerbewegung. Das Kloster, das unter den Zerstörungen der Revolution kaum gelitten hat, gilt als eines der am besten erhaltenen des Midi. Der Kreuzgang verdankt sein harmonisches Flair den Rund- und Spitzbogen, die sich auf zierliche Doppelsäulen stützen.

Römer und Westgoten ließen sich in der keltischen Siedlung nieder, die später zu ****Carcassonne** (136 000 Einw.) wurde. Während der Albigenserkreuzzüge (S. 16) war die im 12. Jh. an dieser Stelle errichtete Burg Zufluchtsstätte für viele Katharer. In den Albigenserkriegen stand der Graf von Carcassonne auf der Seite der Ketzer. An der Grenze zum Aragonischen Reich gelegen, wurde die Festung im 13./14. Jh. ausgebaut, seit dem 17. Jh. aber vernachlässigt. Der Architekt und Kunsttheoretiker Viollet-le-Duc sorgte im 19. Jh. dafür, daß Carcassonne restauriert wurde. Heute wirkt die wiederaufgebaute *Cité,* die mittelalterliche Oberstadt mit einem doppelten Mauerring und über fünfzig Wehrtürmen, wie eine Theaterkulisse. Unterhalb der Burgmauern erstreckt sich die im 16./17. Jh. erbaute neue Stadt, die mittlerweile alt genannt werden kann, da sich das moderne Carcassonne entlang der Nationalstraße ausdehnt.

Am schönsten ist die Festung in der Morgen- oder Abendsonne. Betrachtet man dann von den Südhängen der *Montagne Noire* (D 118, 11 km), wirkt sie, wenn sich der Nebel lichtet, wie eine Fata Morgana.

❶ Office de Tourisme, 15, bd Camille-Pelletan, F-11012 Carcassonne, ☎ 04 68 25 07 04, 📠 04 68 47 85 83.

Ⓗ **Hôtel Le Donjon,** 2, rue Comte Roger, ☎ 04 68 71 08 80. Historisches Gebäude mit hübschem Garten, innerhalb der Festungsmauern. Ⓢ

Ⓡ **Auberge de la Dame Carcasse,** 3, pl. du Château, ☎ 04 68 71 23 23. In der Cité, Spezialität ist Spanferkel. Ⓢ

Die Kleinstadt **Castelnaudary** streitet sich mit Toulouse und Carcassonne um die Ehre, das Nationalgericht „Cassoulet" erfunden zu haben. Der Bohneneintopf trägt seinen Namen nach dem „Cassoulo", einem feuerfesten Schmortopf aus Ton. Auf dem Hügel über der Stadt thront eine alte Windmühle aus dem 17. Jh., deren Mahlwerk restauriert wurde. Unterhalb von Castelnaudary weitet sich der **Canal du Midi** zu einem breiten Becken, in dem eine Armada von Freizeitbooten festmacht. Die Wasserstraße verbindet zusammen mit dem **Canal latéral à la Garonne** das Mittelmeer mit dem Atlantik. Pierre-Paul Riquet schuf im 17. Jh. mit dem Bau der ersten Teilstrecke von Sète nach Toulouse die Voraussetzung für diesen Wasserweg (S. 10).

Vorbei an ****Toulouse** (S. 44) geht es nach **Montauban** (51 000 Einw.). Gegründet im 12. Jh., war es eine der ersten befestigten Städte zum Schutz des Handels im Südwesten. Auch heute noch werden in den Markthallen an der ***Place Nationale** Gemüse, Käse und Würste angeboten. Montauban weist wie andere Städte der Region eine auffallende Backsteinarchitektur auf.

Das einzige Bauwerk im historischen Teil, das nicht aus den roten Ziegelsteinen errichtet wurde, ist die mächtige weiße *Cathédrale* aus dem 17. Jh. Sie sollte den Sieg der Gegenreformation über die hier sehr zahlreich lebenden Protestanten demonstrieren. Im einstigen Bischofspalast ist das ****Musée Ingres** untergebracht. 1780 wurde Jean Auguste Dominique Ingres in Montauban geboren. Der u. a. für seine Porträts berühmte Maler und Zeichner hat einen Großteil seiner Gemälde seiner Heimatstadt vermacht.

Nicht weit enfernt von Mois-sac (S. 71) liegt **Agen** (30 600 Einw.). Markantestes Gebäude ist die *Cathédrale St-Caprais,* die jedoch eher aufgrund ihres Stilgemischs auffällt. Einige schöne Bür-gerhäuser aus dem 16. bis 18. Jh. säumen die Straßen der Stadt, die besonders für ihre Backpflaumen bekannt ist. In der fruchtbaren Ebene der Garonne stehen die Pflaumenbäume in langen Reihen. Die Früchte werden mit dem Mus aus eige-nem Fruchtfleisch gefüllt oder mit Schokolade umhüllt. Eine andere Vari-ante sind ausgesuchte und in Ar-magnac eingelegte Pflaumen.

Fünfzig Wehrtürme schützen die Cité von Carcassonne

🏠 🏠 **Hôtel La Renaissance de l'Etoile,** Route de Mont-de-Marsan, F-47000 Brax, ☎ 05 53 68 69 23, 📠 05 53 68 62 89. Etwas außerhalb, bekannt für seine gute Küche. Ⓢ

Das Städtchen *La Réole ließ Richard Löwenherz über der Garonne errichten. Das ehemalige *Rathaus, um 1200 er-

5

Seite **65**

Kanutour auf der Dordogne

Entlang der Dordogne ist Frankreich alt, sehr alt. Lange bevor die Burgen und Schlösser auf den hohen Uferfel-sen erbaut wurden, bevölkerten die Menschen der Steinzeit die darunter-liegenden Höhlen und Felsüberhänge *(abris).* Eine Kanutour auf der Dordogne bietet also sowohl einzigartige vorge-schichtliche Sehenswürdigkeiten als auch wunderschöne Landschaftsein-drücke. Beginnen kann sie z. B. in *Ca-rennac,* wo Wildwasserfahrer an einem rauschenden Naturwehr trainieren können. Der Fluß fließt hinter Carennac behäbig durch tiefe Kalkschluchten.

In der *Grotte von Lacave* wurden Werk-zeuge aus Horn und Knochen gefun-den. Dann lassen historische Bauten, spektakulär auf Felsnasen errichtet, keine Zeit mehr für Gedanken an die

Urmenschen. Über einer Flußschleife liegt **Domme.** Die Burg, in der Katharer Zuflucht gefunden hatten, wurde von Simon den Montfort geschleift.

Von *Coux-en-Bigaroque* aus empfiehlt sich ein Ausflug zu Land ins benach-barte **★★Vézère-Tal** und dort zu den Grotten von *Les Eyzies.*

Bei *Montignac* ist eine moderne Kopie der *Höhle von Lascaux* zu besichtigen. Das Original gleich nebenan mußte ge-schlossen werden. Bedingt durch den Besucherandrang und die damit ver-bundene Gefährdung der Zeichnungen durch den Anstieg der Luftfeuchtigkeit innerhalb der Höhle sah man sich zu diesem Schritt gezwungen.

❶ Kanutouren organisiert Safaraid in F-46140 Albas, ☎ 05 65 30 74 47.

baut, ist eines der wenigen Beispiele eines romanischen Profanbaus.

Ⓗ Ⓡ Bauernhof **Le Grand Boucaud,**
F-33580 Rimons, ☎ 05 56 71 88 57.
Privatzimmer, gute Küche. Ⓢ

Hinter **∗∗Bordeaux** (S. 40) erstrecken sich links und rechts der Gironde die ausgedehnten Weingärten des Médoc und der Côte de Blaye. Die beiden Flußufer sind nur an zwei Stellen mit Fähren verbunden: in *Blaye* und bei *Verdon-sur-Mer* an der Mündungsspitze. Mit der Sicherung der Zufahrt über die Gironde nach Bordeaux wurde im 17. Jh. Festungsbaumeister Vauban bemüht. Er errichtete die 18 ha umfassende mächtige Anlage von Blaye.

Ebenfalls über der Gironde thront auf einem Felsen die romanische Kirche **∗Ste-Radégonde** von **Talmont,** die sich durch ihren klaren Baustil und die außergewöhnliche Lage auszeichnet. Dieser landschaftlich reizvolle Küstenstrich gehört zur Côte de Beauté und ist natürlich ein beliebtes Urlaubsziel.

∗Royan (17 000 Einw.) wurde während des Zweiten Weltkriegs fast ganz zerstört. Jachthäfen und ein Fischereihafen liegen nebeneinander. An der Küste erstreckt sich ein Viertel aus der Belle Époque, das unversehrt geblieben ist.

In Royan gibt es zwei Thalassotherapiezentren, in denen sich Streßgeplagte mit Meerwasserbehandlungen wieder fit machen lassen können.

❶ Office de Tourisme, Avenue des Congrès, F-17206 Royan,
☎ 05 46 38 65 11, 🖷 05 46 38 52 01.

Ⓗ **Hôtel Novotel,** Plage du Chay,
☎ 05 46 39 46 39, 🖷 05 46 39 46 46.
In dem Hotel gibt es auch ein Thalassotherapiezentrum. Ⓢ⟩

Hotel de Châlons, RN 733,
F-17600 Le Gua, ☎ 05 46 22 82 72,
🖷 05 46 22 91 07. Das Hotel ist in einer ehemaligen Mühle mit Gezeitenwerk untergebracht, malerisch ist der Blick auf die Seudre, 8 km von Royan entfernt. Ⓢ

Route 6

Wo Roland in sein Horn stieß

∗∗Perpignan – ∗St-Martin-du-Canigou – Lourdes – ∗St-Jean-Pied-de-Port – ∗Biarritz (530 km)

Mal zu Füßen des Gebirges, mal auf den Höhen der Pyrenäen, verläuft dieser Route vom Mittelmeer zum Atlantik. Ihre vergleichsweise üppige Vegetation verdanken die über 3000 m hohen Berge ihrem Wasserreichtum. Zwischen den einzelnen Tälern gab es kaum Verbindungen, wodurch sich kulturelle Eigenarten lange erhielten. Die Tour führt von Perpignan auf der Nordseite der Pyrenäen mit ihren bedeutenden romanischen Klöstern an den Hängen. Über den Wallfahrtsort Lourdes kommt man in die Heimat von Henri IV und schließlich nach Roncesvalles, wo Roland, der zum Vorkämpfer der Christenheit verklärte Mitstreiter Karls des Großen in einen Hinterhalt geriet und getötet wurde. Wer die grüne Bergwelt ausgiebig genießen möchte, sollte nicht weniger als fünf Tage einplanen.

∗∗Perpignan (106 000 Einw.) gehörte ab dem 13. Jh. für rund sechs Jahrzehnte zum Königreich Mallorca. Aus dieser Zeit stammt das **∗∗**Palais des Rois de Majorque, von dessen beiden Kapellen die obere, innen im gotischen Stil gehalten, maßwerkgeschmückte Fenster besitzt. Wahrzeichen der Stadt ist **∗**Le Castillet. Die breiten Zinnen der Toranlage dienten der Befestigung der Stadtmauer. Jetzt ist das Heimatmuseum Casa Pairal hier untergebracht. An der zentralen **∗**Place de la Loge, wo vom 14. bis 16. Jh. die Seehandelsbörse ihren Sitz hatte, wird im Sommer die

Sardana, ein volkstümlicher katalanischer Reigen, von Einheimischen und Touristen getanzt. Im Hof des nahe gelegenen Rathauses verkörpert eine Frauenskulptur des Bildhauers Aristide Maillol das Mittelmeer: La Méditerranée.

❶ Office de Tourisme, Place Armand-Lanoux, F-66002 Perpignan, ☎ 04 68 66 30 30, 📠 04 68 66 30 26.

🏠 🏠 **Hôtel de la Poste,** 6, rue des Fabriques Nabot, ☎ 04 68 34 42 53, 📠 04 68 34 58 20. In dem familiengeführten Haus werden katalanische Spezialitäten serviert. Ⓢ

Die Ursprünge der romanischen Abtei von *St-Martin-du-Canigou lassen sich bis ins 11. Jh. zurückverfolgen. Kräftige Säulen mit ausladenden Kapitellen stützen das Tonnengewölbe der Oberkirche. Ein Kapitell mit Szenen aus dem Leben des hl. Martin dient als Altarstein. In der einsamen Landschaft wollte der Klostergründer, Guifred, Graf der Cerdagne, beerdigt sein. Schwer vorzustellen, welche Mühe es gekostet haben muß, das Kloster auf den abschüssigen Felshang zu bauen, wenn heute schon die Anfahrt mit einem Allradwagen (z. B. ab dem Kurort Vernet-les-Bains) zu einem spektakulären Erlebnis wird: Abgründe links und rechts, dahinter ein schmaler Pfad, der auf einen Aussichtspunkt führt, dem einzigen Platz, von dem aus die gesamte Klosteranlage einzusehen ist.

So hoch sich St-Martin über die Täler von *Casteil* und *Vernet* erhebt, so demütig liegt *St-Michel-de-Cuxa unterhalb des *Canigou*. Der kantige Glockenturm ragt wehrhaft über die Klosterkirche aus dem 10. Jh. Erweitert wurde die Anlage im 11. Jh. unter dem Abt Oliba. Er führte den lombardischen Stil in Südfrankreich ein. Nach der Französischen Revolution wurde die Abtei verkauft, die Kunstwerke zerstört oder geplündert, das alte Mauerwerk verfiel. Anfang des 20. Jhs. gelang es dann dem amerikanischen Bildhauer Georges Grey Barnard, einen Teil der

Das Château Latour an der Gironde im Médoc

Zahllose Kanäle durchziehen das Médoc

6

Seite
65

Ste-Radégonde thront auf einem Felsen bei Talmont

frühchristlichen Kapitelle wieder auf-zutreiben. Später erwarb sie das Metro-politan Museum of Art in New York für seine Dependance The Cloisters, wo sich seit 1938 ein rekonstruiertes St-Michel-de-Cuxa über den Hudson er-hebt. Am Originalstandort setzte man aus den verbliebenen Resten eine wei-tere Rekonstruktion des Kreuzganges zusammen, der einst der älteste im Roussillon war und manch anderem als Vorbild diente.

20 Jahre nach dem Anschluß des Rous-sillon an Frankreich im Pyrenäenfrie-den 1659 ließ Louis XIV von seinem Lieblingsarchitekten Vauban die Fe-stung von **Mont-Louis** errichten. Der 1600 m hoch gelegene Touristenort ist inzwischen auch bekannt für seinen *Sonnenofen*. Die 1980 modernisierte Solaranlage erreicht Temperaturen von 3000 bis 3500 ° C.

Mit *Foix erreicht man das mittlere Pyrenäengebiet. In der Burg, die drei mächtige Türme besitzt, informiert das *Musée de l'Ariège* über die Lokalge-schichte. Die einstigen Grafen von Foix, aus deren Geschlecht auch König Henri IV stammt, genossen einen phan-tastischen Blick über die Berge.

Der Feldherr Pompeius gründete **St-Bertrand-de-Comminges** als eine der ersten römischen Siedlungen in Gal-lien. Es heißt, daß Herodes Antipas aus Galiläa hierher ins Exil gehen mußte, nachdem er Johannes den Täufer hatte köpfen lassen. Ausgrabungen brachten einen römischen Tempel, Thermen, Theater und eine frühchristliche Kirche aus dem 5. Jh. zutage. Der 1175 heilig-gesprochene Bertrand, Bischof von Comminges, ließ 1120 auf den Resten der antiken Siedlung die *Cathédrale Ste-Marie* erbauen, von der noch das Eingangsportal des heutigen Kirchen-baus stammt.

Der spätere Bischof Bertrand, der im 13. Jh. als Clemens V. erster Papst in Avignon war, hat mit dem Ausbau be-gonnen, der 1532 fertiggestellt wurde. Im gotischen Teil der Kirche beein-

druckt das meisterlich geschnitzte Chorgestühl, der Bischofsthron ist ein Prachtstück der Renaissance. Im Kreuz-gang des Klosters, dessen Kapitelle bib-lische Szenen zeigen, ist die Säule in der Mitte des Ganges, aus welcher die vier Evangelisten gemeißelt wur-den, besonders erwähnenswert.

Im Ort selbst spaziert man an Häusern aus dem 15. und 16. Jh. vorbei, in de-ren Mauern z. T. noch Steine der anti-ken Siedlung verbaut wurden. Im Som-mer finden internationale Festspiele sakraler Musik mit Orgelkonzerten ihr Publikum.

Hôtel Moulin d'Aveux,
F-31510 St-Bertrand-de-Commingen,
℡ 05 62 99 20 68, 🖷 05 62 99 22 27.
4 km außerhalb an einem Bach in einer Mühle von 1792, komfortable Zimmer. $

Ein kurzer Abstecher führt nach **Tarbes** (47 000 Einw.), einer alten Garnisons-stadt, in der 1720 ein ungarischer Offi-zier ein Husarenregiment aufgestellt hat. Das *Musée Internationale des Hus-sards* im Jardin Massey präsentiert eine Sammlung von mehr als 130 unter-schiedlichen Husarenuniformen. Das Geburtshaus des Marschalls Ferdinand Foch, 1918 erfolgreicher Oberbefehls-haber der alliierten Armeen in Frank-reich, wurde in ein Museum gleichen Namens umgewandelt. Dokumentiert wird seine Lebensgeschichte. In den Stallungen des Nationalgestüts (Haras national, Avenue du Régiment de Bi-gorre) aus dem 19. Jh. wird eine beson-dere Rasse angloarabischer Pferde ge-züchtet. In zahlreichen Vorführungen wird das Können der Tiere gezeigt.

Die Visionen der Bernadette Soubirous haben aus **Lourdes** (16 300 Einw.) einen der bekanntesten katholischen Wall-fahrtsorte gemacht. 18 Mal soll der Müllerstochter Maria erschienen sein, u. a. in der *Grotte de Massabielle* im Jahr 1858. Die Rosenkranzbasilika von Lourdes wurde im neubyzantinischen Stil errichtet, die Einweihung der Kryp-ta hat Bernadette noch erlebt. Die neu-

Seite 65

6

gotische Obere Basilika hat nicht weniger als 21 Altäre. Unzählige Votivtafeln berichten von dankbaren Wallfahrern. Eine unterirdische Kirche, Pius X. geweiht, erinnert etwas an eine Tiefgarage und bietet für 20 000 Pilger Platz. Zwei Glasbilder in Gemmailtechnik sind hier zu sehen. Weitere Beispiele dieser glasverarbeitenden Kunst sind im *Musée du Gemmail* ausgestellt. Das *Musée Pyrénéen* stellt auf vorbildliche Weise Volkskunst und Traditionen der Region von Perpignan bis Biarritz vor.

Schwerkranke Pilger hoffen auf Heilung in Lourdes

❶ Office de Tourisme, 1, pl. Peyramale, F-65100 Lourdes, ☎ 05 62 42 77 40, 🖷 05 62 94 60 95.

🏨 **Hôtel d'Angleterre**, 4, rue St-Joseph, ☎ 05 62 94 00 15, 🖷 05 62 94 66 45. Renoviertes Haus ganz in der Nähe der Grotte. Ⓢ

In ★**Pau** (82 000 Einw.) erblickte 1553 Henri d'Albret das Licht der Welt. In die Geschichte ging er als Henri IV, König von Frankreich, ein. Er beendete die Religionskriege 1598 mit dem Erlaß des Edikts von Nantes und bemühte sich um den wirtschaftlichen Aufschwung des Landes. Seine Wiege steht noch im Renaissancesschloß von Pau, dessen Bergfried im 14. Jh. errichtet wurde. Es wurde im 19. Jh. unter Louis Philippe und Napoléon III restauriert. Die Wohnräume des letzten Kaiserpaares von Frankreich sind ebenfalls erhalten und zu besichtigen. Aus dieser Zeit stammen auch Teile des Mobiliars

Devotionalien, Devotionalien ...

Das Schlafzimmer von Henri IV im Schloß von Pau

6

Seite **65**

La Sanch

Alljährlich am Karfreitag beginnt in La Miranda, dem kleinen Botanischen Garten hinter der Kirche St-Jacques in Perpignan, die Prozession der Sanch-Bruderschaft, deren Entstehenung sich auf den 11. Oktober 1416 datieren läßt. Damals rief der im Jahre 1455 kanonisierte Dominikaner Vincent Ferrier die „Confrérie du Sang de notre Seigneur Jesus Christ" ins Leben, deren Ziel gegenseitige Hilfe und die Organisation des kirchlichen Lebens war. Immer noch tragen die Gläubigen am Karfreitag, begleitet von katalanischen Liedern und Trommeln, schwere Reliquien, genannt *misteri*, und Heiligenfiguren durch die Straßen. Oft sind es bis zu 500 Personen mit schwarzen Kapuzen, die während des zweistündigen Weges durch Perpignan den Leidensweg Christi zum Berg Golgatha nachvollziehen.

und das Porzellan aus Sèvres. Im Süd-flügel des Schlosses ist das Regional-museum *Musée Béarnais* eingezogen. Man kann hier u. a. erfahren, wie Espadrilles, die Sommerschuhe aus Leinen, hergestellt wurden.

Im 19. Jh. war Pau ein beliebtes Ziel britischer Sommerfrischler, nachdem der schottische Arzt Alexander Taylor das gute Klima der Stadt gelobt hatte. Doch als Queen Victoria 1889 Biarritz für ihren Winterurlaub wählte, kam Pau bei den Engländern aus der Mode.

Der baskische Teil der Pyrenäen beginnt mit dem kleinen ***St-Jean-Pied-de-Port** (1500 Einw.). Die Oberstadt auf dem rechten Ufer der Nive, umgeben von Mauern aus dem 15. Jh. war einst die Hauptstadt von Nieder-Navarra. Darüber erhebt sich eine Festung, die zwar Vauban zugeschrieben, vermutlich aber nach Plänen eines gewissen Deville gebaut wurde. Heute ist in der Anlage eine Schule untergebracht. Eine gepflasterte Straße führt vom mittelalterlichen Stadttor auf den Berg, vorbei an typischen navarresischen Häusern aus rotem Sandstein.

St-Jean-Pied-de-Port war die letzte Pilgerstation vor dem Aufstieg zum Paß *Roncesvalles,* wo Roland, ein Heerführer Karls des Großen, im Kampf gegen die Sarazenen sein Schicksal ereilte: Er fiel 778 in einer Schlacht gegen die Basken. Im „Rolandslied", einem altfranzösischen Epos, wird der Held besungen.

Als Kaiserin Eugénie samt Gatten Napoléon III, gefolgt vom ganzen Hofstaat, nach ***Biarritz** (28 000 Einw.) reiste, schlug die große Stunde der Stadt. Vertraten sich hier zuvor höchstens die Leute aus dem nahen Bayonne die Beine, so reiste jetzt die große Welt an die weitläufigen Buchten. Mit der Villa Eugénie ließ Napoléon seiner Frau 1854 ein angemessenes Domizil errichten. Es wurde in ein Luxushotel umgewandelt, und heißt heute als „Hôtel du Palais" auch normale Sterbliche als zahlende Gäste willkommen. Die hohen Wellen,

der Buchten sind heute ein bevorzugtes Ziel der Surfer. In den 50er Jahren ließ angeblich Peter Wirtel, Ehemann der Filmschauspielerin Deborah Kerr sein Surfbrett aus Kalifornien einfliegen, und der Sport kam auch hier in Mode. Im *Chambre d'amour,* einer Bucht bei Anglet nahe Biarritz, versammelt sich die Jugend der Welt zum Ritt auf den Wellen.

Das Stadtbild von Biarritz erhält seinen Reiz durch die bunte architektonische Mischung: Villen mit verspielten Gittertoren, um 1900 erbaut, bilden den Kontrapunkt zum gigantischen Komplex des Viktoria-Surf, einer Appartementanlage mit schicken Boutiquen. Daneben stehen bescheiden die Häuser im typisch rot-weißen Fachwerk des Baskenlandes.

Eine Promenade führt oberhalb der Buchten bis zum *Rocher de la Vierge.* Den Felsen mit der Marienstatue hat Napoléon III durch eine Brücke mit dem Festland verbinden lassen.

Im Ozeanographischen Institut ist das *Musée de la Mer* mit einem Aquarium für die Fauna des Golfs der Gascogne eingerichtet.

Außerdem kann man sich dort über die unterschiedlichsten Berufszweige bei der Seefahrt informieren.

❶ Office de Tourisme, 1, square Ixelles, F-64200 Biarritz, ☎ 05 59 24 20 24, 🖷 05 59 24 14 19.

Ⓗ **Hôtel Régina et Golf,** 52, av. de l'Impératrice, ☎ 05 59 41 30 00, 🖷 05 59 41 33 99. Das Haus besitzt einen überdachten Patio und liegt in unmittelbarer Nähe des Golfplatzes. Ⓢ⟩⟩

Hôtel Atlanthal, 153, bd des Plages, ☎ 05 59 52 75 75, 🖷 05 59 52 75 13. Im Hotel sind Meerwasserfitneßkuren möglich. Ⓢ⟩⟩

Ⓗ Ⓡ **Hôtel du Centre,** 7, rue de Gascogne, ☎ 05 59 24 36 42, 🖷 05 59 22 36 54. Einfaches Haus im Zentrum, baskische Küche. Ⓢ

Route 7

In den Bergen des Midi

Apt – **Les-Baux-de-Provence – **Nîmes – **Grotte des Demoiselle – **Perpignan (560 km)

Außer den Alpen und den Pyrenäen durchziehen noch einige kleinere Bergmassive den Süden Frankreichs. Jedes von ihnen ist von ganz eigenem Charakter, ob es sich um den farbenfrohen Lubéron, die rauhen Kalkberge der Alpilles mit ihrer pittoresken Silhouette, die kastanienbestandenen Schieferhänge der Cevennen oder die Corbières handelt. In der Religionsgeschichte Frankreichs spielten diese Gebirge übrigens zuerst als Rückzugsgebiet der Katharer, später als Zuflucht der Protestanten eine wichtige Rolle. Auf der Route durch diese meist ländlichen Gebiete mit kontrastreichen Landschaften erfährt man eine Menge über die Geschichte der Katharer, Waldenser und Hugenotten.

Durch eine Brücke ist der Rocher de la Vierge bei Biarritz mit dem Festland verbunden

Der **Lubéron** ist eines der eigenständigen Bergmassive in der Provence und liegt zwischen den Tälern von *Coulon* und *Durance*. Die Talsenke zwischen den Hügelketten von Grand und Petit Lubéron ist besonders fruchtbar. 1977 wurde das 140 000 ha große Naturschutzgebiet **Parc Naturel Régional du Lubéron** gegrün-

7

Seite 65

Unterhalb von Les-Baux-de-Provence heben sich die alten Häuser kaum von den Felsen ab

det, in dem 125 000 Menschen vor allem vom Tourismus und den Erträgen der Landwirtschaft leben. **Apt** (11 500 Einw.) ist Sitz der Verwaltung des Regionalparks. Lohnend ist der Bauernmarkt auf der Place-des-Martyrs-de-la-Résistance am Samstagvormittag. Spezialitäten wie kandierte Früchte und Lavendelhonig werden angeboten.

Der Lubéron war vom 13. bis zum 16. Jh. immer wieder Schauplatz von Auseinandersetzungen zwischen der katholischen Kirche und den Anhängern des Pierre Valdès. Der Kaufmann aus Lyon verteilte zu Lebzeiten sein Vermögen unter den Armen und predigte das Bibelwort in der Sprache der Bewohner. Damit stand er im Widerspruch zur etablierten Kirche, deren Latein den Normalsterblichen unverständlich war. Die Waldenser wurden bald durch die Inquisition verfolgt und zogen sich in die südlichen Alpentäler zurück, um sich dreihundert Jahre später, auf Initiative des ortsansässigen Adels, wieder in der Heimat ihrer Vorfahren niederzulassen. Die Dörfer Joucas, Mérindol, Lourmarin, Murs, Villelaure und La Roque d'Anthéron stammen aus dieser Zeit. Nach der Aufhebung des Edikts von Nantes – es hatte den Protestanten Glaubensfreiheit gewährt – wurde 1598 die Waldenserbewegung erneut niedergeschlagen, Dutzende ihrer Dörfer dem Erdboden gleichgemacht, die Bewohner getötet. Bei **Mérindol** erinnert ein Mahnmal an das blutige 16. Jh., und im *Musée Vaudois* sind diese Ereignisse dokumentiert. Auch **Ménerbes** war ein Rückzugsort der Waldenser, nach fünfjähriger Belagerung mußten sie sich hier ihren Verfolgern ergeben.

Bonnieux (1400 Einw.) liegt wie eine Trutzburg auf dem Hügel. Im alten Ortskern sind noch schöne Bürgerhäuser erhalten. Im *Musée de la Boulangerie* in der Rue de la République dreht sich alles um Backwaren. In das benachbarte **Lacoste** flüchtete im 18. Jh. der berühmt-berüchtigte Marquis de Sade, nachdem ihn das Parlament der Provence zum Tode verurteilt hatte. Im Schloß seiner Verwandten, heute Ruine, verbrachte er sieben Jahre.

Zwischen Tarascon im Rhône-Tal und Salon-de-Provence erstrecken sich die **Alpilles,** die „kleinen Alpen". Aufgrund der fast in Meereshöhe liegenden Ebene zwischen dem *Etang de Berre* und der *Camargue* wirken die bis zu 400 m hohen Gipfel beeindruckender, als es bei diesen Höhen zu erwarten ist. Starke Erosionen haben diesen Gebirgszug geformt. Vor dem Hintergrund der weißen Kalkfelsen wirken die Olivenhaine in ihrem Grün besonders intensiv. Die wichtigste Ansiedlung in den Alpilles ist ****Les-Baux-de-Provence,** dessen alte Häuser mit dem Felsen zu verschmelzen scheinen. Im Mittelalter war das Schloß der Grafen von Les Baux Treffpunkt der Troubadoure des gesamten Südens. Wer das hohe Lied der Minne am besten vertrat, wurde mit Pfauenfedern und einem Kuß der schönsten Frau am Hofe belohnt. Auf Betreiben von Louis XIII wurde der Ort zerstört. Übriggeblieben sind in den steilen Gassen einige Reste wie das *Lapidarium* in der Maison de la Tour de Brau aus dem 14. Jh.

❶ Office de Tourisme, Impasse du Château, F-13520 Les-Baux-de-Provence, ☎ 04 90 97 34 39, 📠 04 90 54 51 15.

🏨 Hôtel Mas de l'Oulivié, ☎ 04 90 54 35 78. Gepflegtes Anwesen inmitten eines Olivenhaines. Ⓢ❪❫

**Nîmes (128 500 Einw.). Der Weg durch das Tal der Rhône zu den Cevennen führt durch diese alte Römerstadt. Man darf sich nur nicht von den weithin sichtbaren Wohnsilos bei der Anfahrt abschrecken lassen. Das Amphietheater ** *Les Arènes* ist kleiner als das von Arles, doch weit besser erhalten und zudem im Besitz eines teilweise erhaltenen Obergeschosses. Gleich daneben bildet das moderne Kunstzentrum *Carré d'Art,* gebaut in Glas und Beton nach dem Entwurf von Norman

Foster, den Kontrast. Die ** *Maison Carrée* ist ein gut erhaltener römischer Tempel mit korinthischen Frontsäulen. Die Inschrift am Sims weist darauf hin, daß er für den Enkel des Augustus gebaut wurde. Bei der *Porte d'Auguste* am Boulevard Amiral-Courbet handelt es sich nicht um einen Triumphbogen, sondern um ein echtes Stadttor. Das nur noch stellenweise erhaltene Bauwerk war Teil der um 15. v. Chr. errichteten Stadtmauer. Hinter der Maison Carrée führen kleine Straßen in die *Altstadt*.

Blick auf die Alpilles zwischen Tarascon und dem Tal der Rhône

Wasser für die Stadt Nîmes wurde über den *** **Pont du Gard** von den Flüssen weit außerhalb geholt. Dieses gut erhaltene Stück der römischen Wasserleitung bei Remoulins ist eine der großen Touristenattraktionen Frankreichs,

In Nîmes ist man stolz auf das römische Amphitheater

Die **Cévennes** (Cevennen) bilden die Südausläufer des Zentralmassivs und waren eine Bastion der Protestanten (hier Camisarden genannt), die sich im 18. Jh. in der Region einen blutigen Guerilakrieg mit den Truppen des katholischen Louis XIV lieferten.

Die frühe Einführung der Seidenraupenzucht brachte eine Zeit des Wohlstandes. Schon für das 13. Jh. ist sie in **Anduze** nachweisbar. Die Mitte des 18. Jhs. ausgebrochene Seuche unter den Tieren und der nach dem Bau des Suezkanals billig gewordene Import des Rohstoffes Seide setzten dem blühenden Gewerbe ein Ende. Die letzte Weberei schloß in den 60er Jahren in **St-Jean-du-Gard** (2600 Einw.).

Im *Musée des Vallées Cévenoles* (Grand Rue) wird dieses Handwerk präsentiert.

Naturstein als Baumaterial in den Dörfern der Gorges du Tarn

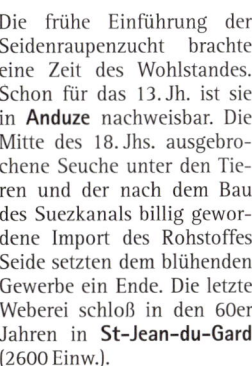

7

Seite
65

ⓗ ⓡ **Hôtel La Porte des Cévennes,**
Route de St-Jean-du-Gard,
F-30140 Anduze, ☎ 04 66 61 99 44.
Spezialität Ravioli mit Fischfüllung. ⓢ

Wer von Anduze aus in südwestlicher Richtung fährt, erreicht *Ganges*. Die **★★Grotte des Demoiselles** in der Nähe des Ortes ist mit Abstand die interessanteste Tropfsteinhöhle der Region. Über **Millau**, in der Nähe der *Gorges du Tarn*, geht es zu den Westausläufern der Cevennen. Auffallend sind in diesem Gebiet die abrupten, von den klimatischen Bedingungen abhängigen Veränderungen im Landschaftsbild. Zwischen *Hérépian* mit seinen Weingärten und dem Bergdorf *St-Gervais* vollzieht sich auf wenigen Kilometern der Übergang von einer trockenen Karstgegend zu einer sanften Landschaft mit Weiden. Über den **Col-de-Fontfroide** ist der Naturpark des Haut Languedoc mit einigen schönen Waldseen zu erreichen. In *St-Pons-de-Thomières* befindet sich das Verwaltungszentrum des **Parc Naturel Régional du Haut-Languedoc.**

Auf dem Weg ins Minervois-Gebiet liegen die Burgruinen von **Lastours.** Sie gehörten dem Herrn von Cabaret, der im Albigenserkrieg die Sache der Katharer vehement vertrat. Das nahe **Minerve** war ebenfalls Schauplatz einer Belagerung. Das *Musée Hurepel* zeigt eine interessante Diaschau zum Thema.

Von den Südhängen der **Montagne Noire** gibt es schöne Ausblicke über das weite Aude-Tal bis zu den *Corbières*, einer einsamen, dünnbesiedelten Bergwelt, in der auch der Tourismus noch nicht Fuß fassen konnte. Die *Aude* hat zwischen *Quillan* und *Axat* eine besonders enge Schlucht in die hellen Felsen gegraben.

In **Tautavel** begegnet man den Spuren der Urmenschen, die in den Höhlen der Umgebung vor etwa 400 000 Jahren lebten. Im *Musée de Préhistoire* werden Ausgrabungsstücke gezeigt, darunter der älteste menschliche Schädel, der bisher in Europa gefunden wurde.

Route 8

Von Vulkanen zu Salzweiden

St-Etienne – ★★ Clermont-Ferrand –
★★ Saintes – ★★ La Rochelle (426 km)

Für diese nördlichste Ost-West-Route sollten mindestens vier Tage eingeplant werden, denn die reizvolle Fahrt über Landstraßen macht Laune. Ab Vienne gibt es eine kurze Autobahnstrecke bis Clermont-Ferrand, dann führen die Wege zum Meer durch die herben, grünen Landschaften der Auvergne und des Limousin. Schließlich erreicht man über die fruchtbaren Hügel der Charente die weiten Marschen, die von der nahen Küste künden. Der Wind fegt über die Salzweiden, auf denen die Lämmer grasen. Welch ein Wechsel der Landschaft: von den vor 3000 Jahren erloschenen Vulkankratern der Auvergne mit ihren immergrünen Kegeln bis zu den weiten, braunen Ebenen der Charente.

In **St-Etienne** (199 400 Einw.) haben Stahl und Eisen eine lange Tradition. Seit dem 16. Jh. wird rund um die Industriestadt auch Kohle gefördert. Die Herstellung von Papier steht dagegen in *Richard-de-Bas* bei **Ambert** auf dem Besichtigungsprogramm: In der historischen Mühle können Besucher zusehen, wie auf althergebrachte Weise das Papier von Hand geschöpft wird.

ⓗ ⓡ **Mistou,** F-43500 Pontempeyrat, ☎ 04 77 50 62 46, ☎ 04 77 50 66 70. Das Mühlenhotel liegt 40 km südlich von Ambert, der Weg lohnt sich wegen der Lage und der Schwäche des Küchenchefs für ganz köstliche Desserts. ⓢ

★Thiers (16 800 Einw.) liegt an den Abhängen einer Schlucht, durch die sich die Durolle schlängelt. Das Flüßchen treibt seit dem 15. Jh. Papiermühlen und Hammerwerke an. Die scharfen Klingen sind berühmt: Mit über 500 Fabrikanten und Handwerkern ist Thiers die Hauptstadt der französischen Messerschmiede. In der *Maison des Couteliers* besteht die Möglichkeit, ihnen über die Schulter zu schauen. Die Geschichte des „französischen Solingen" wird im *Musée de la Coutellerie* dokumentiert.

Der Beitrag des Südens zur Wirtschaft liegt im Agrarsektor

** **Clermont-Ferrand** (150 000 Einw.) ist die größte Stadt im Zentralmassiv und die Industriemetropole der Region Auvergne besitzt zudem zwei Dutzend Mineralquellen. Die Reifenfirma Michelin hat hier ihren Stammsitz. Ins Auge fallen die beiden Türme der gotischen *Cathédrale Notre-Dame-de-l'Assomption* aus dunklem Vulkangestein. Im Innern bietet das bunte Farbenspiel der Fenster einen eindrucksvollen Kontrast zum Mauerwerk.

Die Basilika ** *Notre-Dame-du-Port,* ein typisches Beispiel für die Romanik der Auvergne, erlangte Berühmtheit durch ihre Schwarze Madonna. Mit ihrem Portal und den figürlichen Kapitellen im Chor weist sie für eine auvergnatische Kirche einen ausgesprochen reichen Skulpturenschmuck auf.

Im alten Hafen von La Rochelle ankern nur noch Jachten

Eine andere Attraktion stellt die kuriose *Fontaine pétrifiante* an der Place de la Poterne da. Rund um diesen Renaissancebrunnen mit dem stark kalkhaltigen Wasser findet jeweils am ersten Samstag im Monat ein Flohmarkt statt.

🛈 Office Municpal du Tourisme, 69, bd Gergovia, F-63000 Clermont-Ferrand, ☎ 04 73 93 30 20, 📠 04 73 93 56 26.

🚆 St-Etienne, Lyon, Limoges.

🏨 **St-Martin,** F-63000 Pérignat-les-Sarliève, Aubière, ☎ 04 73 79 81 00. Außerhalb in einem Park liegt dieses traditionelle, ruhige Hotel. Ⓢ

8

Seite
65

ⓗ **La Belle Meunière,** 25, av. de la Vallée, F-63130 Royat, ☎ 04 73 75 80 11. 11 km außerhalb, klassische Küche in historischen Mauern. Ⓢ

In **Aubusson** begann die Herstellung von Wandteppichen im 15. Jh.: Landschaften und Jagdszenen waren die ersten Motive. Der Künstler Lurçat hat nach dem Zweiten Weltkrieg die Kunst des Teppichknüpfens aufs neue belebt. Heute werden sowohl wertvolle Werke der Altmeister restauriert als auch moderne Entwürfe von Vasarély, Picart und Le Doux realisiert. Im *Musée Lurçat* gibt es dazu eine Ausstellung.

❶ Office de Tourisme, Rue Vieille, F-23200 Aubusson, ☎ 05 55 66 32 12, 🖷 05 55 83 84 51.

ⓗ In La Seiglière bietet ein Anwesen aus dem 19. Jh. Unterkunft in Privatzimmern. ☎ 05 55 83 88 76. Ⓢ

Das Städtchen **Bourganeuf** auf einem Felsvorsprung über der Tourion wird von der restaurierten Komturei des Templerordens aus dem 14. Jh. beherrscht. Einer der beiden Türme mit der merkwürdigen Bezeichnung „Zizim" wurde im 15. Jh. von Djem, Sohn eines Sultans, halb Gefangener, halb Gast der Tempelritter, bewohnt. Er soll immerhin über ein Dampfbad verfügt haben. Im Saal ist ein Wandteppich aus Aubusson mit symbolträchtigen Motiven aus dem 18. Jh. zu sehen.

Über *Limoges (S. 36) und weiter über *St-Junien* erreicht man **Angoulême** (42 900 Einw.). Die * *Cathédrale St-Pierre* zeichnet sich durch den außergewöhnlich reichen Skulpturenschmuck ihrer Hauptfassade aus. Mehr als 70 Figuren sind überzeugendes Beispiel für die Schaffenskraft poitevinischer Bildhauer des Mittelalters. Dargestellt ist u. a. die Himmelfahrt Christi.

Das *Musée des Beaux-Arts* im ehemaligen Bischofssitz bietet eine ungewöhnliche Ausstellung zum Thema Comics. In den Räumen der ehemaligen Brauereien am Ufer der Charente ist ein in-

ternationales Zentrum für diesen Zweig zeitgenössischer Kunst entstanden.

In der Hauptstadt des berühmten Weinbrandes, **Cognac** (21 000 Einw.), wurde König François I geboren. Im *Ancien Château* der Valois residiert heute eine Branntweinkellerei. Die großen Handels- und die alten Fachwerkhäuser sowie das Tor *St-Jacques* aus dem 15. Jh. prägen die Altstadt. Besonders schöne Gebäude stehen in der *Rue Saulnier*. Im *Jardin de la Mairie* lohnt ein Blick ins Cognacmuseum, wo man alles über diesen edlen Weinbrand erfährt.

** **Saintes** (27 500 Einw.) war die gallo-römische Hauptstadt der Provinz Aquitanien. Aus dieser Zeit stammen die *Arènes*, in deren Oval 20 000 Zuschauer Platz fanden. Am Ufer der Charente steht der nach Art eines Triumphbogens gebaute *Arc de Germanicus*. Im nahen *Musée Archéologique* sind römische Architekturfragmente und Plastiken ausgestellt.

Da Saintes im Mittelalter die einzige Brücke über die Charente besaß, mußten die Pilger auf ihrem Weg nach Santiago de Compostela zwangsläufig durch die Stadt. Auch der Handel mit Cognac brachte Wohlstand, wie sich an einigen Herrenhäusern aus dem 17. Jh. ablesen läßt. Im *Musée Dupuy-Mestran,* dem Stadtpalais des Marquis de Montconseil, ist der Speisesaal der Marquise de Montespan, einer Mätresse von Louis XIV, die Hauptattraktion.

Rochefort (28 000 Einw.) wurde von Colbert auf dem Reißbrett geplant. Der Finanzminister des Sonnenkönigs hatte es als Garnisonsstadt und Werftanlage konzipiert, worauf die rechtwinkligen Straßenzüge zurückzuführen sind. Interessant sind die ehemaligen königlichen Seilereien. Das *Musée de la Marine* hat die christliche Seefahrt ebenso wie die Piraterie zum Thema. In Rochefort wurde der Schriftsteller und Reisende Pierre Loti geboren, dessen Wohnhaus (Rue Pierre-Loti), seinem extravaganten Geschmack entsprechend, in unterschiedlichen Stilen de-

8

Seite **65**

oriert wurde: der Speisesaal im Re-
aissancestil, der Salon ist türkisch; es
gibt arabische und japanische Einrich-
ungsgegenstände.

La Corderie Royale, Rue
Audebert, ☎ 05 46 99 35 35,
05 46 99 78 72. Eleganz in den
historischen Mauern des königlichen Artilleriegebäudes, gehobene
Küche. ⑤⑤⑤

Das alte Hafenbecken von ****La Rochelle** (71 100 Einw.), wird von den beiden Stadtwahrzeichen geschützt, den
Festungstürmen *St-Nicolas* und *Tour
de la Chaîne.*

Seit dem 16. Jh. ist der Ort ein wichtiger Handelshafen. La Rochelle war
während der Reformation eine Huge-
nottenhochburg und leistete Richelieu
heftigen Widerstand.

Nachdem die Stadt als einer der Horte
des Protestantismus in die Hand der
Katholiken fiel, wurde sie im Zuge der
Gegenreformation Bischofssitz.

In der reizvollen Altstadt spaziert man
durch enge Gäßchen, unter Gewöl-
bebogen, vorbei an holzverkleideten
Häusern aus dem Mittelalter sowie Re-
naissancebauten. Vom Hafen La Pallice
führt eine 32 m hohe Brücke zur *Ile de
Ré,* wo Strände und Wälder zum Baden
und Wandern einladen.

Office de Tourisme, Le Gabut,
F-17000 La Rochelle,
☎ 05 46 41 14 68, 📠 05 46 41 99 85.

🚢 Saintes, Cognac, Angoulême.

Hôtel de l'Océan, 36, cours des
Dames, ☎ 05 46 41 31 97.
Bei den Türmen zum alten Hafen, nur
leider nicht ruhig. ⑤

Café Populaire, 4, rue Ottawa,
☎ 05 46 42 61 39, 📠 05 46 41 51 12.
Die originelle Pension hat nur vier
Zimmer (August geschl.). ⑤

Richard Coutanceau, Place de la
Concurrence, ☎ 0 3 44 41 48 19. Mit
Blick auf die Hafeneinfahrt. Frische
Fische und Meeresfrüchte. ⑤⑤

*In der gemütlichen Altstadt
von Limoges*

*Sonntagnachmittag:
Tanztee in La Rochelle*

Pantoffeln

Mit den *charentaises* sind nicht
zwangsläufig die Einwohnerinnen
der Ebenen der Charente gemeint,
vielmehr bezeichnet man damit die
unvergleichlich warmen Pantoffeln,
die in der Region hergestellt werden.
Innen sind die molligen Fußwärmer
aus filziger Wolle, außen aus dem
unverwechselbaren karierten Woll-
stoff. Die Charentaises sind im gesamten Südwesten Frankreichs der
Inbegriff von Gemütlichkeit. Sie haben ihren festen Platz hinter den
Haustüren der Landhäuser und
könnten vielleicht ein originelles
Souvenir für die kalten Wintertage
zu Hause sein.

8

Seite
65

Route 9

Moderne Ferienorte und verschlafene Dörfer

La Grande Motte – *Sète –
*Béziers – *Collioure (230 km)

Die Küste des Languedoc hat sich seit den 60er Jahren grundlegend verändert. Unwirtliches Sumpfland lag neben sandigen Äckern und Brackwasserseen, kurz ein von Stechmücken verseuchtes Gebiet. Ausgerechnet hier sollte eine Erholungslandschaft für Millionen entstehen, um die Wirtschaft der von der Regierung bis dato ziemlich vernachlässigten Region anzukurbeln. Entlang der Küste entstanden eine Reihe von Ferienorten, die z. T. futuristisch anmuten. Bei den jüngeren Anlagen nähert sich der Baustil wieder den mediterranen Vorbildern an. In einigen traditionellen Fischerdörfern hat Althergebrachtes noch Bestand, und in den kleinen Weinorten im Hinterland geht das Leben wie eh und je unspektakulär seinen Gang.

Bei den Pyramiden hat die nicht unumstrittene Architektur von **La Grande Motte** Anleihe genommen. Der Ort besteht u. a. aus einem markanten Komplex von Hochhäusern, die sich nach oben verjüngen. Sie sind so gebaut, daß fast alle Terrassen und Balkone in den Genuß der Sonne kommen.

Palavas-les-Flots war ursprünglich ein verschlafenes Fischerdörfchen, dessen Strände sich zur Sommerzeit mit den Einwohnern Montpelliers füllten.

Heute wird der alte Ortskern fast von neuen Ferienhäusern und Appartementanlagen erdrückt. Beim nahen *Etang du Prévost* kann man die im 12. Jh. umgestaltete *Wehrkirche* von *Maguelone* besuchen. Dicke Mauer und hochgelegene Fenster lassen s sehr abweisend wirken. Maguelone wa früher Bischofssitz.

*Sète (41 500 Einw.) ist der größt Fischereihafen in diesem Küstenab schnitt, was nicht nur an den ir Hafenbecken dümpelnden Booten er kennbar ist: In den Auslagen der Re staurants türmen sich die Meeresfrüch te. Auf dem Friedhof am Abhang de *Mont Saint-Clair* liegt dem Meer zuge wandt der Seemannsfriedhof mit der Grab des Lyrikers Paul Valéry.

🏠 **Les Saveurs Singuliers,** 5, quai Ch.-Lemarsquier, ☎ 04 67 74 14 41. Spezialität ist natürlich Fisch. ⑤

Abseits der Route liegt **Pézenas,** di Stadt Molières. Der geniale Komödien autor lebte hier von 1650 bis 1657 un ter seinem eigentlichen Namen Jean Baptiste Poquelin. Seine Stücke ließ e im prächtigen *Hôtel d'Alfonce* in de Rue Conti aufführen. Pézenas war vor 16. bis 18. Jh. eine wohlhabende Stad zahlreiche Bürger- und Adelshäuse wie das *Hôtel de Lacoste* mit der großartigen Treppenaufgang an de Rue F.-Oustrin zeugen noch davon.

Cap d'Agde gehört zu den Retorten städten, die an der Küste des Langue doc entstanden sind. Geworben wir vor allem mit einer Reihe von FKK-An lagen. Ursprünglich geblieben ist de Ort *Agde* selbst. Wenn die Sommergä ste abgereist sind, wird es um di mächtige Kathedrale *St-Etienne* wie der still. Seit dem 12. Jh. wurde run 300 Jahre an der düsteren Wehrkirch aus dunklem Basaltgestein gearbeitet.

In *Béziers (80 000 Einw.) erinnert le diglich noch eine Plakette an der *Ca thédrale St-Nazaire* an das blutige Dra ma während der Albigenserkriege, al das königlich-päpstliche Heer die Stad mit ihren 20 000 Einwohnern nieder brannte (S.16).

Damals wurde die romanische Kirch geschleift, am gleichen Platz erheb sich jetzt der gotische Nachfolgebau

9

Die Krypta und die Kapitelle des ersten Langhausjochs sind noch romanisch, das spätgotische Sternengewölbe über der Sakristei sucht im Süden seinesgleichen. Im *Musée St-Jacques* in den ehemaligen Kasernen wird auf 3000 m² die Stadtgeschichte von der Antike bis in die heutige Zeit gezeigt.

In der Nähe von Béziers liegt auf einem Hügel das *Oppidum d'Ensérune,* das bis ins 6. Jh. v. Chr. zurückgeht. Anhand der Funde in den Gräbern konnten die Experten erkennen, wie sich hier die unterschiedlichen Kulturen über Griechen, Kelten bis hin zu den Römern zueinander verhielten.

Entlang der schönen Küste folgt eine Reihe von Badeorten mit einer mehr oder weniger gelungenen Architektur: **Port-la-Nouvelle** oder **Port Vendres.**

Auch **Gruissan** ist eine moderne Feriensiedlung, die sich allerdings um einen alten Ortskern mit einer dekorativen Burgruine aus dem 14. Jh. drängt.

Architektonische Qualität zeichnet die Pyramidenhäuser von La Grande-Motte aus

Zum Fischerstechen „les Jouets" strömen alljährlich in- und ausländische Gäste nach Sètes

Fischerstechen

Angefeuert von einem Steuermann rudern jeweils acht kräftige Burschen der gegnerischen Partei entgegen, Männer auf Plattformen versuchen bei der Begegnung der Boote die anderen mit langen Lanzen ins Wasser zu stoßen. Oboen und Trommel begleiten dieses feuchtfröhliche Treiben.

Das Fischerstechen in *Sète* soll angeblich darauf zurückzuführen sein, daß sich früher die Kreuzritter vor der Einschiffung die Wartezeit mit Turnieren vertrieben haben. Diese Erklärung wird unglaubwürdig angesichts der Tatsache, daß im Mittelalter nur wenige Menschen schwimmen konnten. Wahrscheinlicher ist es, daß die Einweihung des Canal du Midi 1666 mit "Joutes nautiques" als Volksbelustigung zum Vorbild genommen wurde.

Die Ausscheidungskämpfe der heutigen Spiele füllen mehrere Wochenenden, das Finale findet gewöhnlich am letzten Augustwochenende statt.

9

Seite
65

ⓗ **Hôtel Corail,** Port de Gruissan,
☎ 04 68 49 04 43, 🖷 04 68 49 62 89.
Hotel am Hafen. Die meisten Zimmer
haben große Sonnenbalkone. Ⓢ

* **Elne** (6000 Einw.) ruht als kleines
Städtchen in einer fruchtbaren Ebene,
umgeben von Pfirsisch- und Apriko-
senbäumen. Dem Ort sieht man die Bedeutung nicht mehr an, welche er als
einzige Bischofsstadt des Roussillon
vom 6. bis ins 17. Jh. hatte.

Zur ** *Cathédrale Ste-Eulalie* mit den
auffälligen Türmen gehört ein Kreuzgang aus dem 12.–14. Jh. Der Bildhauer Raimund von Bianya hat die spätro-
manischen Kapitelle im Südflügel des
Kreuzgangs mit Bibelszenen ge-
schmückt.

Die Festung des Hafens von * **Collioure**
(2800 Einw.) konstruierte der Militär-
baumeister des Sonnenkönigs, Mar-
schall Vauban. Sie diente vielen Ma-
lern, besonders den Fauves zu Anfang
des 20. Jhs., als Motiv. Braque und Matisse verbrachten einige Zeit in diesem
Ort. Seine Häuser, das Meer und der
vom Bergwind klargefegte Himmel
spiegeln die Farben des Südens wider.

❶ Office de Tourisme, Place de la
Mairie, F-66190 Collioure,
☎ 04 68 82 15 47.

ⓗ ⓡ **Hostellerie des Templiers,** Quai de
l'Amirauté, ☎ 04 68 82 05 58. Hier
waren sie alle versammelt in den 20er
und 30er Jahren, die armen Maler,
deren Bilder heute sechsstellige
Summen einbringen: Picasso, Matisse
und Dalí. Ausgezeichnete Fischspezialitäten. Ⓢ

In **Banyuls-sur-Mer** erblickte 1861 der
Bildhauer Aristide Maillol, der die
Frauen gerne in üppigen Formen dar-
stellte, das Licht der Welt. An den Bergen der *Côte Vermeille,* wie die Küste
hier genannt wird, reift ein sehr süßer
Wein, gewonnen aus der Grenache-
traube. Mönche des Templerordens
setzten dem jungen Wein noch etwas
Weingeist zu und kreierten so den typischen „Banyuls".

Route 10

Schwarz, Weiß, Rosa – die Farben der Camargue

** Arles – ** Aigues-Mortes – * Les
Stes-Maries-de-la-Mer (115 km)

Weiße Pferde, schwarze Stiere und
die rosa Flamingos sind noch in der
Camargue zu Hause. Das Flußdelta
der Rhône war einst ein wildes
Sumpfgebiet, in dem sich trotz der
Eingriffe des Menschen eine in
Europa einzigartige Flora und Fauna
erhalten hat. Auf vorgegebenen
schmalen Pfaden ist die von Kanälen
und Brackwasser durchzogene Fluß-
landschaft zugänglich. Nachdem die
Camargue zum Naturpark erklärt
wurde, besteht berechtigte Hoffnung
darauf, daß sich der Lebensraum für
Flamingos und andere seltene Tiere
und Pflanzen regenerieren wird.
Ausgangspunkt und kultureller Höhe-
punkt der Route, für die man zwei bis
drei Tage planen sollte, ist Arles.

** Arles (52 000 Einw.) ist die Stadt der
Römer, der bunten Märkte und Stierkämpfe. Alljährlich am Palmsonntag
ist das imposante römische Bauwerk
aus dem 1. Jh. n. Chr., *** *Les Arènes,*
Schauplatz der beliebten „Courses Camarguaises".

12 000 Menschen feuern von den Zu-
schauerrängen die *razeteurs* an. Im
Verlauf dieser unblutigen Variante des
Stierkampfs müssen die weißgekleide-
ten jungen Männer dem Stier die Ko-
karde zwischen den Hörnern entreißen.
Abgesehen von diesem Spektakel kann
die römische Arena, 13 m lang und
107 m breit, besichtigt werden.

Aus der Römerzeit stammt auch das
*** *Théâtre Antique,* das wahrschein-
lich zur Zeit des Kaisers Augustus ge-

baut wurde. Über 10 000 Zuschauer fanden in dem Halbrund Platz. Von der Bühnenwand wurden zwei Säulen wieder aufgerichtet.

Mit den * Alyscamps hat die Stadt vor ihren Toren eine bedeutende Nekropole, eine von Sarkophagen flankierte Allee. Schon Kelten und Griechen sollen hier ihre Toten begraben haben. Die eindrucksvolle Totenstadt mit der Kirche St-Honorat hat Vincent van Gogh auf einem seiner Gemälde verewigt. Der Maler lebte ab 1888 ein gutes Jahr in Arles. Das ehemalige Krankenhaus, in dem der Maler Patient war, wurde zum Kulturzentrum Espace van Gogh umgebaut. Einen echten van Gogh sucht man jedoch in den Museen der Stadt vergeblich. Die Galerie „La Rose de Vents" (18, rue Diderot) hat sich auf Reproduktionen der Werke des Meisters spezialisiert.

In der Kirche * St-Trophime wurde 1178 Friedrich Barbarossa zum König gekrönt. Prachtvolle Bildhauerarbeiten zeigt das romanische Portal, das einem römischen Triumphbogen nachempfunden ist. Im Kreuzgang sind auf den Kapitellen neben Szenen aus dem Alten und Neuen Testament provenzalische Sagen dargestellt.

Das * Musée Arlaten wurde 1896 vom Nobelpreisträger Frédéric Mistral ge-

Arena von Arles: Austragungsort der Courses Camarguaises

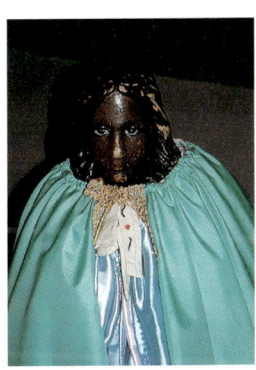

Die Schwarze Madonna von Les Stes-Maries-de-la-Mer

Natur in Gefahr

Wie lange die Sumpflandschaft im Rhône-Delta erhalten bleibt, ist trotz aller Bemühungen der Naturschützer fraglich. Mit der Einrichtung des **Parc National de Camargue scheint sichergestellt, daß zumindest ein Teil des Deltas zwischen der Kleinen und der Großen Rhône geschützt wird und dadurch Fauna und Flora überleben können. Das in Jahrhunderten gewachsene Zusammenspiel von Viehwirtschaft und Natur ist aus dem Gleichgewicht geraten. Die Umwandlung des

Brach- und Weidelandes in landwirtschaftliche Kulturflächen läßt immer weniger Platz für die traditionelle Aufzucht der Stiere und Pferde.

Manadiers, wie die Züchter heißen, halten die Tiere noch für die „Courses Camarguaises", die unblutigen Stierkämpfe, oder als Touristenattraktion.

🛈 Parc National de Mas du Pont de Rousty, Route de Ste-Maries-de-la-Mer, F-13200 Arles,
☎ 04 90 97 30 40.

10

Seite 65

gründet. Gezeigt werden hier zahlreiche Exponate zur Volkskunst: Möbel, Trachten, Keramiken, Musikinstrumente. Sogar die Hütte eines Guardian (Camarguehirten), wurde nachgebaut.

❶ Office de Tourisme, Boulevard des Lices, F-13200 Arles, ☎ 04 90 18 41 20, ✆ 04 90 93 17 17.

🏨 **Hôtel Mireille,** Rive Droite, Trinquetaille, ☎ 04 90 93 70 74, ✆ 04 90 93 87 28. Ruhiges, modernes Haus, Innenhof mit Schwimmbad. Ⓢ⁾⁾
Les Cabanettes, an der NS 72, ☎ 04 66 87 31 53, ✆ 04 66 87 35 39. Angenehmes Hotel mit Schwimmbad, umgeben von Reisfeldern. Ⓢ

St-Gilles (10 800 Einw.) liegt im Zentrum des ****Parc National de Camargue.** Die Leute leben hauptsächlich von der Landwirtschaft, der immer mehr Nutzfläche durch das Vordringen des Meeres zum Opfer fällt. Die *Klosteranlage* aus dem 11. Jh. steht auf dem Grab des hl. Gilles und war im Mittelalter ein wichtiger Wallfahrtsort. Das figurenreiche ** Westportal* der Kirche ist die Meisterleistung romanischer Bildhauerkunst in der Provence.

Trutzige Stadtmauern mit Türmen und Schießscharten sorgen für eine mittelalterliche Bilderbuchkulisse: Bei ihrer Gründung im 13. Jh. lag die Festungsstadt ****Aigues-Mortes** (4500 Einw.), noch an der Küste. Louis IX, der Heilige, gab den Befehl zum Bau eines Hafens. Im Schutz der Sümpfe ankerte seine Kreuzritterflotte, bevor sie auf große Fahrt Richtung Heiliges Land in See stach. In einem mächtigen Rundturm, der *Tour de Constance* wurden nach der Aufhebung des Edikts von Nantes 1598 Protestanten gefangengehalten.

❶ Office de Tourisme, Porte de la Gardette, B. P. 32, F-30220 Aigues-Mortes, ☎ 04 66 53 73 00, ✆ 44 66 53 65 84.

🏨 **Hôtel des Croisades,** 2, rue du Fort, ☎ 04 66 53 67 85, ✆ 04 66 53 72 95. Modernes Haus, alter Weinkeller Ⓢ

🍴 **La Goulue,** 2, rue Denfert-Rochereau, ☎ 04 66 53 69 45. Im Zentrum, traditionelle Einrichtung, Meeresfrüchte. Ⓢ

Mönche siedelten im frühen Christentum um die Kapelle Sancta Maria de Ratis. Heute reckt sich an dieser Stelle die Wallfahrtskirche *Notre-Dame de la Mer* von *** Les Stes-Maries-de-la-Mer** (2000 Einw.), einer Festung nicht unähnlich, in den Himmel. Die Kirche aus dem 12. Jh. ist alljährlich am 24. Mai Treffpunkt der Sinti und Roma. Ihre Verehrung gilt Sarah, der Dienerin von Marie-Jacobé und Marie-Salomé. Die drei Frauen sollen der Sage nach auf ihrer Flucht aus dem Heiligen Land an diesem Ort wieder den Fuß auf festen Boden gesetzt haben. Dargestellt als Schwarze Madonna, wurde Sarah Schutzpatronin der Sinti und Roma. Nach den religiösen Feiern wird zu Gitarrenklängen in den Straßen gefeiert.

Les Saintes-Marie-de-la-Mer ist der einzige größere Ort direkt in der Camargue. Das ehemalige Fischerdorf, das schon seit langem Besucher in Massen anzieht, hat seine touristische Infrastruktur verbessert: Parkplätze wurden angelegt, ein Sandstrand aufgeschüttet, die Deiche verstärkt.

🏨 **Hôtel Mas de la Fouque,** Route du Petit-Rhône, ☎ 04 90 97 81 02, ✆ 04 90 97 96 94. Komfortables Anwesen mit familiärer Atmosphäre. Ⓢ⁾⁾

Hostellerie du Cacharel, ☎ 04 90 97 95 44, ✆ 04 90 97 87 97. Ferien auf dem Bauernhof, 5 km außerhalb, einige Pferde. Ⓢ

An der Landstraße zwischen Ste-Maries-de-la-Mer und Arles liegt der Weiler **Mas du Pont de Rousty.** In dem ehemaligen Bauernhof wurde das *Musée Camarguais* eingerichtet.

Von diesem Punkt aus lohnen sich Wanderungen entlang dem ausgeschilderten Naturlehrpfad. Von Unterständen aus lassen sich die unterschiedlichsten Vögel, mit etwas Glück sogar Flamingos beobachten.

Praktische Hinweise von A–Z

Ärztliche Versorgung

Für einen Arztbesuch ist ein internationaler Krankenschein erforderlich, den man bei den gesetzlichen Kassen bekommt. Die in Frankreich meist direkt zu zahlenden Behandlungskosten können mit der Quittung (*feuille de soins*) zur Erstattung eingereicht werden.

Wer jedoch auf Nummer Sicher gehen will, schließt eine Reisekrankenversicherung ab.

Notdienste der Apotheken (*Pharmacie*) stehen in der Lokalpresse.

Behinderte

Ein Hotel- und Restaurantführer ist unter folgender Adresse anzufordern: A. P. F. Délégation de Paris, 22, rue du Père-Guérin, F-75013 Paris.

Diplomatische Vertretungen

Deutschland
Generalkonsulate:
Le Minotaure, 34, av. Henri-Matisse, F-06000 Nice, ☎ 04 93 83 55 25.
338, av. du Prado, F-13008 Marseille, ☎ 04 91 77 08 98.
6, bv des Belges, F-69458 Lyon, ☎ 04 78 93 21 86.
377, bv Prés.-Wilson, F-33000 Bordeaux, ☎ 05 56 17 12 22.

Österreich
86, cours Balguerie Stuttenberg, F-33000 Bordeaux, ☎ 05 56 00 00 70.
27, cours Pierre-Puget, F-13006 Marseille, ☎ 04 91 53 02 08.
6, av. de Verdun, F-06000 Nice, ☎ 04 93 87 01 31.
21, rue Bourgelat, F-69002 Lyon, ☎ 04 72 40 97 89.

Schweiz
14, cours Xavier-Arnozan, F-33000 Bordeaux, ☎ 05 56 52 18 65.
7, rue d'Arcole, F-13291 Marseille, Cedex 6, ☎ 04 91 53 36 65.
13, rue Alphonse-Kaar „Le Louvre", F-06000 Nice, Cedex 1, ☎ 04 93 88 85 09

Einreise

Obwohl seit der Öffnung der europäischen Grenzen Bürger aus EU-Staaten beim Grenzübertritt eigentlich keiner Kontrolle mehr unterliegen, dürfte es eine Selbstverständlichkeit sein, nicht ohne den Personalausweis zu verreisen.

Für Schweizer gilt weiterhin, daß sie bei der Ein- und Ausreise im Besitz eines gültigen Reisepasses sein müssen.

Elektrizität

Bis auf wenige Ausnahmen beträgt die Netzspannung 220 V. In ländlichen Gegenden gibt es manchmal noch 110 V.

Feiertage

Neujahrstag, Ostermontag, 1. Mai, 8. Mai (Waffenstillstand 1945), Christi Himmelfahrt, Pfingstmontag, 14. Juli (Nationalfeiertag), 15. August, 1. November, 11. November (Waffenstillstand 1918), 25. Dezember.

Geld

1 Französischer Franc = 100 Centimes (0,30 DM). 100 DM = 340 FF, 100 sfr = 430 FF, 100 öS = 50 FF (März 1996).

Eurocheques werden in Banken bis 1400 FF umgetauscht. Eine Gebühr wird erhoben.

Informationen

Auskünfte und Prospekte über alle Regionen Frankreichs erhält man bei den *Französischen Fremdenverkehrsämtern.*

Deutschland
D-60325 Frankfurt/M., Westendstr. 47, ☎ 0 69/75 60 83–0, 🖷 069/7 55 21 87.

D-10707 Berlin, ☎ 0 30/2 18 20 64,
🖷 2 14 12 38.

Österreich
Landstraßer Hauptstr. 2 a, A-1033 Wien,
☎ 71 57 06 10, 🖷 7 15 70 61 10.

Schweiz
Löwenstr. 59, CH-8023 Zürich,
☎ 2 11 30 85/86, 🖷 2 12 16 44.

Notruf

Polizei: ☎ 17;
Notarzt/Ambulanz: ☎ 15;
Feuerwehr: ☎ 18;
Pannenhilfe (AIT: Assistance):
☎ 08/00 08 92 22;
ADAC in Lyon: ☎ 04/72 17 12 22.

Öffnungszeiten

Banken: 9–12 und 14–16 Uhr; Sa und
manchmal auch Mo geschlossen.

Geschäfte: Normalerweise 9–12 und
14–19 Uhr.

Kleinere Geschäfte, wie z. B. Bäckerei-
en, sind häufig am Montag geschlossen. Dafür gibt es am Sonntagmorgen
frische *Croissants* und knusprige *Ba-
guettes.*

Postämter: Mo–Fr 9–19 Uhr (auf dem
Lande Mo–Fr 8–12 und 14–18.30 Uhr)
sowie Sa bis 12 Uhr.

Museen: Die meisten staatlichen Museen sind Mo oder Di geschlossen.

Die Öffnungszeiten der kleinen Museen
werden sehr flexibel gehandhabt.

Post / Postgebühren

Briefmarken *(timbres)* gibt es auch im
Zigarettenladen *(Tabac)* oder in Bars
mit Zigarettenverkauf *(Bar-Tabac).*

*Frankreich–Deutschland / Österreich /
Schweiz:* Postkarte und Brief (bis 20 g)
3 FF.

Rauchen

In Gaststätten, Cafés und Restaurants
sind zwar rauchfreie Zonen staatlich
verordnet worden, aber sie werden nur

selten eingehalten. In öffentlichen Gebäuden herrscht Rauchverbot.

Souvenirs

Schönes Kunsthandwerk wie Töpfer-
waren, bemalte Seidenstoffe und
Baumwolldrucke, mundgeblasene Gläser; Olivenöl, kandierte Früchte, Honig,
Wein, Kräuter und Knoblauchgebinde
(der feine lilafarbene Knoblauch ist
lange haltbar).

Telefon

Vorwahl bei Auslandsgesprächen:

Deutschland: 00 49
Österreich: 00 43
Schweiz: 00 41

In Frankreich gibt es einheitlich zehn-
stellige Telefonnummern mit einer Null
am Anfang. Ruft man aus dem Ausland
an oder schickt ein Fax, entfällt nach
der Landesvorwahl 00 33 die Null.

Die meisten Telefonzellen sind nur mit
Telefonkarten zu benutzen. In den Ka-
binen kann man sich unter der ange-
zeigten Nummer zurückrufen lassen.

Die *Télécarte* gibt es in Tabakläden und
bei der Post.

Ein Ortsgespräch kostet 1 FF. Fernge-
spräche sind nachts (21.30–8 Uhr) und
am Wochenende (ab Sa 14 Uhr) billiger.

Trinkgeld

Ein Trinkgeld läßt man einfach auf
dem Tisch liegen. Im Restaurant sind
10 % angemessen. Bei Begleichung mit
Kredit- und Scheckkarten darf nur der
exakte Betrag für Speis und Trank auf
der Rechnung aufgeführt werden.

Zoll

Reisende aus EU-Ländern können Waren für den persönlichen Bedarf und
Geschenke unbegrenzt mitführen. Lediglich der gewerbliche Verkehr ist be-
grenzt. Für Schweizer sowie beim
Duty-free-Einkauf gelten Ein- und
Ausfuhrbeschränkungen.

Register

Bildnachweis

Alle Fotos Ralf Freyer außer Gunda Amberg: 77; APA Publications/Bill Wassman: 17/1, 63/2, 67, 81/1; Archiv für Kunst und Geschichte, Berlin: 15/1; Werner Dieterich: 23/1–2, 27; dpa: 19/3; Thomas Gebhardt/Echo: 71/2, 81/2, 87/2; Bernd Helms: 17/3, 5, 91/3, 71/1, 83/2, 91/2; Volkmar Janicke: 81/3, 83/1+3, 89/1; Marlis Kappelhoff: 19/1; Markus Kirchgeßner: 91/1; Ernst Krell/Bildarchiv Steffens: 11; Titus Müller/edition Vasco: 75/2; R. R. Steffens/Bildarchiv Steffens: 17/2, 85/2; Klaus Thiele: 53/3, 85/1; Ullstein Bilderdienst: 15/2, 19/2; Helga Lade/press: Umschlag (Bild); Superbild/Bernd Ducke: Umschlag (Flagge).

Langenscheidt Mini-Dolmetscher

Allgemeines

Guten Tag	Bonjour [bõsehur]
Hallo!	Salut! [ßalü]
Wie geht's?	Ça va? [ßa **wa**]
Danke, gut.	Bien, merci. [bjẽ märßi]
Ich heiße ...	Je m'appelle ... [sehö mapäll]
Auf Wiedersehen.	Au revoir. [o röwoar]
Morgen	matin [matẽ]
Nachmittag	après-midi [aprämidi]
Abend	soir [ßoar]
Nacht	nuit [nüi]
morgen	demain [dömẽ]
heute	aujourd'hui [osehurdüi]
gestern	hier [jär]
Sprechen Sie Deutsch?	Vous parlez allemand? [wu parle almã]
Wie bitte?	Pardon? [pardõ]
Ich verstehe nicht.	Je ne comprends pas. [sehö nö kõprã pa]
Sagen Sie es bitte nochmals.	Vous pourriez répéter, s'il vous plaît? [wu purje repete ßil wu plä]
..., bitte.	..., s'il vous plaît. [ßil wu plä]
danke	merci [märßi]
Keine Ursache.	De rien. [dö rjẽ]
was / wer / welcher	quoi / qui / quel [kua / ki / käll]
wo / wohin	où [u]
wie / wieviel	comment / combien [komã / kõbjẽ]
wann / wie lange	quand / combien de temps [kã / kõbjẽ dö tã]
warum	pourquoi [purkoa]
Wie heißt das?	Comment ça s'appelle? [komã ßa ßapäll]
Wo ist ...?	Où est ...? [u ä]
Können Sie mir helfen?	Vous pouvez m'aider? [wu puwe mäde]
ja	oui [ui]
nein	non [nõ]
Entschuldigen Sie.	Excusez-moi. [äksküse moa]
Das macht nichts.	Ça ne fait rien. [ßa nö fä rjẽ]

Sightseeing

Gibt es hier eine Touristen-information?	Est-ce qu'il y a une information touristique ici? [äskilja ün ẽformaßjõ turistik ißi]
Haben Sie einen Stadt-plan / ein Hotel-verzeichnis?	Vous avez un plan de la ville / une liste des hôtels? [wus_awe ẽ plã dö la wil / ün list des_otäll]
Wann ist das Museum / die Kirche / die Ausstellung geöffnet?	Quelles sont les heures d'ouverture du musée / de l'église / de l'exposition? [käl ßõ les_ör duwärtür dü müse / dö leglihs / dö läksposißjõ]
geschlossen	fermé [färme]

Shopping

Wo gibt es ...?	Où est-ce qu'il y a ...? [u äskilja]
Wieviel kostet das?	Ça coûte combien? [ßa kut kõbjẽ]
Das ist zu teuer.	C'est trop cher. [ßä tro **schär**]
Das gefällt mir (nicht).	Ça me plaît. / Ça ne me plaît pas. [ßa mö plä / ßa nö mö plä **pa**]
Gibt es das in einer anderen Farbe / Größe?	Ça existe dans une autre couleur / taille? [ßa äksist dãs_ün otrö kulör / taj]
Ich nehme es.	Je le prends. [sehö lö prã]
Wo gibt es hier eine Bank?	Où est-ce qu'il y a une banque ici? [u äskilja ün bãk ißi]
Ich suche einen Geld-automaten.	Je cherche une billetterie. [sehö schärsch ün bijätöri]
Geben sie mir 100 g Käse / zwei Kilo Pfirsiche.	Donnez-moi cent grammes de fromage / deux kilos de pêches. [done moa ßã gram dö fromasch / döh kilo dö päsch]
Haben Sie deutsche Zeitungen?	Vous avez des journaux allemands? [wus_awe de sehurno almã]
Wo kann ich telefonieren / eine Telefon-karte kaufen?	Où est-ce que je peux téléphoner / acheter une télécarte? [u äskö sehö pöh telefone / aschte ün telekart]

Notfälle

Ich brauche einen Arzt / Zahnarzt.	J'ai besoin d'un médecin / dentiste. [sehe bösoẽ dẽ medsẽ / dãtist]
Rufen Sie bitte einen Kranken-wagen / die Polizei.	Appelez une ambulance / la police, s'il vous plaît. [aple ün ãbülãs / la polis ßil wu plä]

Wir hatten einen Unfall.	On a eu un accident. [õ‿na ü ẽn‿akßidä]
Wo ist das nächste Polizeirevier?	Où est le poste de police le plus proche? [u ä lö post dö polis lö plü prosch]
Ich bin bestohlen worden.	On m'a volé. [õ‿ma wole]
Mein Auto ist aufgebrochen worden.	On a fracturé ma voiture. [õn‿a fraktüre ma woatür]

Essen und Trinken

Die Speisekarte, bitte.	La carte, s'il vous plaît. [la kart ßil wu plä]
Brot	pain [pẽ]
Kaffee	café [kafe]
Tee	thé [te]
mit Milch / Zucker	au lait / sucre [o lä / ßükrə]
Orangensaft	jus d'orange [sehü dorãseh]
Suppe	soupe [ßup]
Fisch / Meeresfrüchte	poisson / fruits de mer [poassõ / früi dö mär]
Fleisch / Geflügel	viande / volaille [wjãd / wolaj]
Beilage	garniture [garnitür]
vegetarische Gerichte	cuisine végétarienne [küisin wesehetarjänn]
Eier	œufs [öh]
Salat	salade [ßalad]
Dessert	dessert [dessär]
Obst	fruits [früi]
Eis	glace [glass]
Wein	vin [wẽ]
weiß/rot/rosé	blanc / rouge / rosé [blã / rusch / rose]
Bier	bière [bjär]
Aperitif	apéritif [aperitif]
Wasser	eau [o]
Mineralwasser	eau minérale [o mineral]
mit / ohne Kohlensäure	gazeuse / non gazeuse [gasös / nõ gasös]
Limonade	limonade [limonad]
Frühstück	petit déjeuner [pöti desehöne]
Mittagessen	déjeuner [desehöne]
Abendessen	dîner [dine]
eine Kleinigkeit	un petit quelque chose [ẽ pöti källka schohs]
Ich möchte bezahlen.	L'addition, s'il vous plaît. [ladißjö ßil wu plä]
Es war sehr gut / nicht so gut.	C'était très bon. / Ce n'était pas si bon. [ßetä trä bõ / ßö netä pa ßi bõ]

Im Hotel

Ich suche ein gutes / nicht zu teures Hotel.	Je cherche un bon hôtel / un hôtel pas trop cher. [sehö schärsch ẽ bõn‿otäll / ẽn‿otäll pa tro schär]
Ich habe ein Zimmer reserviert.	J'ai réservé une chambre. [sehe resärwe ün schäbr]
Ich suche ein Zimmer für ... Personen.	Je cherche une chambre pour ... personnes. [sehö schärsch ün schäbr pur ... pärßonn]
Mit Dusche und Toilette.	Avec douche et toilette. [awäk dusch e toalätt]
Mit Balkon / Blick aufs Meer.	Avec balcon / vue sur la mer. [awäk balkõ / wü ßur la mär]
Wieviel kostet das Zimmer pro Nacht?	Quel est le prix de la chambre par nuit? [käll‿ä lö pri dö la schäbr par nüi]
Mit Frühstück?	Avec petit déjeuner? [awäk pöti desehöne]
Kann ich das Zimmer sehen?	Est-ce que je peux voir la chambre? [äskö sehö pöh woar la schäbr]
Haben Sie ein anderes Zimmer?	Est-ce que vous avez une autre chambre? [äskö wus‿awe ün otrə schäbr]
Das Zimmer gefällt mir (nicht).	La chambre me plaît / ne me plaît pas. [la schäbr mö plä / nö mö plä pa]
Kann ich mit Kreditkarte bezahlen?	Est-ce que je peux payer avec une carte de crédit? [äskö sehö pöh päje awäk ün kart dö kredi]
Wo kann ich parken?	Où est-ce que je peux laisser ma voiture? [u äskö sehö pöh lässe ma woatür]
Können Sie das Gepäck in mein Zimmer bringen?	Pourriez-vous apporter mes bagages dans la chambre? [purje wu aporte me bagaseh dã la schäbr]
Haben Sie einen Platz für ein Zelt / einen Wohnwagen / ein Wohnmobil?	Vous avez de la place pour une tente / une caravane / un camping-car? [wus‿awe dö la plass pur ün tät / ün karawan / ẽ käpingkar]
Wir brauchen Strom / Wasser.	On a besoin de courant / d'eau. [õn‿a bösoẽ dö kurã / do]